O Pequeno Príncipe em nós

CIP-BRASIL. CATALOGAÇÃO NA FONTE
SINDICATO NACIONAL DOS EDITORES DE LIVROS, RJ

J92p

Jung, Mathias, 1941-
O Pequeno Príncipe em nós : uma jornada de descobertas com Saint--Exupéry / Mathias Jung ; tradução Marcos Malvezzi Leal. - Campinas, SP : Verus, 2009.

Tradução de: Der kleine Prinz in uns
ISBN 978-85-7686-056-3

1. Saint-Exupéry, Antoine de, 1900-1944. O Pequeno Príncipe. 2. Medo. 3. Psicologia na literatura. I. Título.

09-3909 CDD: 843
CDU: 821.133.1-3

Mathias Jung

O Pequeno Príncipe em nós

Uma jornada de descobertas com Saint-Exupéry

Tradução
Marcos Malvezzi Leal

VERUS editora

Título original
Der kleine Prinz in uns
Auf Entdeckungsreise mit Saint-Exupéry

Editora
Raïssa Castro

Copidesque
Anna Carolina G. de Souza

Revisão
Ana Paula Gomes

Projeto gráfico
André S. Tavares da Silva

Imagem da capa
© Megumi Takamura
Dex Image / Getty Images

Verus Editora Ltda.
Rua Benedicto Aristides Ribeiro, 55
Jd. Santa Genebra II - 13084-753
Campinas/SP - Brasil
Fone/Fax: (19) 3249-0001
verus@veruseditora.com.br
www.veruseditora.com.br

De uma vida definitivamente realista, ele escolheu os momentos sublimes e, com muita dedicação, os colocou no papel. A obra [...] parece compacta, no entanto é espiritualmente rica. Desperta em nós o desejo de ir além de nosso próprio alcance. Ela nos permite sonhar.

Stacy Schiff, *Saint-Exupéry: a Biography*

Sumário

A política 9
O medo 13
A crise 18
A criança em mim 23
O autoritarismo 32
Ser ou parecer 37
Vício e desejo 44
Ter ou ser 51
A neurose 58
Os dois lados da ciência 63
A descoberta da solidão 69
A canção da amizade 76
O amor dá trabalho 85
A morte 94

A política

Eu não gostaria que subestimassem meu livro.
Antoine de Saint-Exupéry

Quem não ama o Pequeno Príncipe? Por todo o planeta, desde sua publicação, em 1943, milhões de pessoas já leram as extraordinárias narrativas dessa "fábula", traduzida para inúmeros idiomas. Só nos Estados Unidos, mais de cem mil exemplares de *O Pequeno Príncipe* são impressos por ano; na França, mais de trezentos mil. Na Alemanha, o número total de impressões chega a aproximadamente sete milhões.

Em 1987, astrônomos russos deram a um asteroide o nome do pai do personagem. O asteroide Saint-Exupéry tem dezenove quilômetros de diâmetro e orbita entre Marte e Júpiter. O Pequeno Príncipe se perderia nesse "gigante". A nota de cinquenta francos traz imagens de Saint-Exupéry, do Pequeno Príncipe e da jiboia que devorou um elefante. O Pequeno Príncipe já foi personagem de filmes, peças teatrais e musicais da Broadway. O livro é reconhecidamente a obra imortal e a mais popular do grande poeta e aviador francês. É, sem dúvida, muito mais que uma singela coletânea de narrativas. "Eu não gostaria", disse Exupéry, "que subestimassem meu livro. Deu muito trabalho tecer as narrativas de todas essas memórias."

Saint-Exupéry escreveu *O Pequeno Príncipe* para crianças. O livrinho, ilustrado pelo próprio autor, alavancou as vendas de Natal de seu editor em Nova York e foi fonte de inspiração não só para crianças. Em suas dimensões mais profundas, a extraordinária narrativa consiste em uma parábola sobre infância e vida adulta, humano e inumano, amor e amizade, crise, morte e esperança. Trata-se, como observou Eugen Drewermann em sua magnífica interpretação de cunho teológico da obra, de "um breviário da esperança e um vade-mécum do amor".

Essa preciosidade literária é marcada pelo medo em três aspectos – o medo em relação à amizade, o medo do mundo e o medo infantil.

A dedicatória da obra pode facilmente passar despercebida. O livro é dedicado a Léon Werth, e o autor pede desculpas às crianças por dedicá-lo a um adulto. Em seu pedido, explica: "Essa pessoa grande mora na França, e ela tem fome e frio. Ela precisa de consolo". Há nisso um fundamento político – Léon Werth é judeu e está escondido em um vilarejo francês. Depois do fim do regime de Pétain, a França é ocupada pelas tropas de Hitler. A perseguição aos judeus não cessa.

O ano é 1942. Saint-Exupéry, oficial da Força Aérea na reserva, é exonerado e, no exílio, alternado entre Nova York e Long Island, escreve *O Pequeno Príncipe*. Em novembro do mesmo fatídico ano, redige um manifesto a seus compatriotas, transmitido em todos os programas franceses das rádios norte-americanas e cujo conteúdo é também publicado nos jornais franceses independentes da África do Norte. O comunicado expressa o medo da barbárie nazista:

> A noite alemã encobriu toda nossa nação. Podíamos, até então, ao menos receber notícias de nossos entes queridos. Podíamos expressar-lhes nossa afeição, embora não pudéssemos compartilhar o pão velho em sua mesa. Podíamos ouvi-los respirar, ainda que de longe. Agora, nem isso mais temos. A França é só silêncio [...]. Não saberemos ao menos o nome dos reféns que a Alemanha fuzilará pela manhã.

Saint-Exupéry tem a alma profundamente ferida por tudo aquilo que vivenciou. Saiu de uma guerra terrível, cujas circunstâncias ele relata em outra parte do manifesto: "Minha esquadrilha havia sobrevoado a Alemanha por nove meses ininterruptos e, no curso da ofensiva alemã, perdeu três quartos de seu contingente. Na volta, experimentei aquela atmosfera lúgubre de escravidão e fome nas noites absolutamente escuras de nossa cidade". O mundo se incendiava. O Major X, como os norte-americanos, pela dificuldade de pronunciar seu nome, chamavam Saint-Exupéry, queria voltar ao *front* norte-africano e de lá libertar sua pátria, pois em 8 de novembro de 1942, em uma poderosa manobra militar, as tropas americanas chegavam à África do Norte. Hitler, por sua vez, ocupava toda a França. Não havia nada que ele desejasse mais do que se juntar mais uma vez à esquadrilha e participar da batalha. Mas isso não foi possível, pois, aos 42 anos e ainda na ativa como aviador, já havia passado o tempo de seu serviço militar regular, e ele teria que se aposentar. Além disso, seu corpo já não estava em muito boa forma, após diversas quedas e pousos de emergência. Por outro lado, passava a ser, enfim, uma das vozes mais importantes da França no exterior.

No livro *Piloto de guerra*, Saint-Exupéry descreve com tanta vivacidade não só a desordem em que mergulhara a França, mas principalmente o levante moral após a derrota, que o jornal norte-americano *Atlantic* afirmou: "Essa narrativa e as palavras de Churchill são as melhores respostas da democracia à *Minha luta*, de Hitler".

O medo

> Quem aprende a ter o medo certo
> aprende o que há de mais nobre.
> *Sören Kierkegaard*

Durante os três anos de exílio, Saint-Exupéry não via de fato muito sentido em escrever. Persistia, isto sim, em convencer políticos e militares do alto escalão nos Estados Unidos a permitir que ele fosse para a guerra. Para ele, era esse o lugar de aviadores e patriotas no drama global da liberdade. Em sua conclamação aos franceses, o pai do Pequeno Príncipe explica seus motivos:

> Quem poderia me criticar tão injustamente, se tenho apenas o sonho de me juntar novamente a meus companheiros do grupo 2/33, em Túnis, com quem passei nove meses no campo; ao lado dos quais enfrentei a ofensiva alemã, que nos custou dois terços de nossa tropa e com os quais me retirei à África do Norte antes da conclusão do cessar-fogo?

O Pequeno Príncipe nasceu de um misterioso sentimento de ameaça política e como uma terapia literária. Trata-se de uma reflexão sobre o medo existencial, que, de acordo com Kierkegaard, "é o preço que precisamos pagar se quisermos ser indivíduos". É o medo que toda criança experimenta e um contraponto sombrio ao paradisíaco desprendimento da infância.

Entramos aqui no episódio da cobra gigante. O leitor, porém, não deve se deixar enganar pela bela linguagem da narrativa. O trecho é sobre a jiboia, que se mostra indiferente ao engolir um pequeno elefante. Os adultos sem imaginação acham que a figura ali representada é um chapéu. O pequeno narrador pergunta se eles sentem medo, e eles dizem que não, pois quem temeria um chapéu? Não é preciso ser um especialista para reconhecer que o sensível garoto desenhou uma necessidade da alma. O filhote de elefante é engolido. Um bebê. Daí as perguntas: Quem ameaça você? Do que você tem medo? Podemos ajudá-lo?

O medo é inevitável. Nem os pais mais zelosos conseguem poupar os filhos desse sentimento. O próprio nascimento é uma agonia assustadora para a criança e para a mãe. A dentição, o andar, a rivalidade entre irmãos, o ciúme do pai ou da mãe, a adaptação ao jardim de infância, as notas na escola, doenças, acidentes, complexo de inferioridade – todos esses são medos que acompanham a criança desde o nascimento e podem provocar distúrbios em seu desenvolvimento posterior. No livro *Anxiety: Using Depth Psychology to Find a Balance in your Life*, o psicólogo alemão Fritz Riemann definiu a formação do caráter como resposta a medos específicos. Segundo Riemann, cada indivíduo experimenta uma forma única, individual, de medo, "que pertence a si mesmo, a seu ser, assim como cada pessoa tem uma forma particular de amor e como terá de enfrentar a própria morte".

O próprio Saint-Exupéry experimentou alegria e medo na infância. Sua irmã Simone de Saint-Exupéry descreveu desta forma o paraíso infantil do escritor:

> A vida de Antoine, quando criança, consistia em uma troca total com a família e com o universo das plantas e animais, que para nós se resumia a Saint-Maurice e seu jardim. Em dias ensolarados, construíamos casas em árvores e brincávamos em cabanas cobertas de musgo, em meio a arbustos de lilases [...]. Em dias chuvosos, fazíamos adivinhações ou explorávamos o sótão. Não ligávamos para as nuvens de poeira nem para a sujeira que caía por toda parte, e vasculhávamos os buracos nas paredes em busca de um tesouro, pois toda casa velha esconde um.

O "tesouro" da infância foi a menina dos olhos de Saint-Exupéry por toda a vida. Sua mãe exercia o papel de guardiã dessa felicidade infantil com uma intensidade quase neurótica, seguindo talvez a máxima do poeta Jean Paul Richter: "A lembrança é um paraíso do qual ninguém pode ser expulso". Sem dúvida, o castelo de Saint-Maurice-de-Rémens, com seu jardim repleto de abetos escuros e tílias, como bem se recorda Simone, era "o reino secreto, o mundo interior repleto de rosas e fadas". Foi ali que o pequeno Antoine ganhou o apelido de Rei Sol. Nesse reino, ele tinha seu trono e uma pequenina cadeira verde, que amava mais que tudo.

Mas o pequeno Rei Sol também foi vítima de perdas terríveis. Quando tinha 3 anos, seu pai faleceu. Mais tarde, perdeu o irmão mais novo, François, seu melhor amigo. Depois, morreu a irmã Gabrielle. Com a deflagração da Primeira Guerra Mundial, sua infância foi abruptamente interrompida – Antoine foi para um colégio jesuíta a cinquenta quilômetros de casa, onde se sentia triste e sozinho. Foi quando foi apelidado de Espeta-Lua. Mais tarde, foi transferido para um colégio católico marista, em Friburgo, na Suíça, onde se destacou em comunicação e expressão e desenho, embora fosse o pior da turma em geografia, línguas estrangeiras e esportes. Tempos depois, Saint-Exupéry esclareceria que perdeu a fé justamente no período que passou entre os maristas. Por toda a vida, porém, esse pensador individualista e humanitário, admirador de Nietzsche, preservou valores humanos importantes da ética religiosa.

No ruidoso mundo adulto, os medos silenciosos da criança se calam ainda mais. Os adultos não se permitem recordar tais temores. São "senhores de seus domínios", particularmente os da estirpe dos "homens fortes". Essa clausura da alma, esse fechamento de todos os poros espirituais, a supressão de todos os medos, necessidades infantis e desejos mais elementares são descritos por Saint-Exupéry com duras palavras: "As pessoas grandes aconselharam-me deixar de lado os desenhos de jiboias abertas ou fechadas, e dedicar-me de preferência à geografia, à história, ao cálculo, à gramática".

"Quanto menos medo, menos espírito", constata Sören Kierkegaard. Nossa "criança interior" é soterrada sob o peso das pressões e da razão. Morremos em vida. Suprimimos nosso medo em relação à situação do mundo, de Auschwitz, Hiroshima e Chernobyl. Preferimos falar de *bridge*, de golfe, de política, de gravatas. O que é a inteligência brilhante de uma criança, perguntava Freud, contra o intelecto mediano de um adulto! Saint-Exupéry diagnosticou com palavras ácidas o infarto espiritual de nossa razão instrumental, que nos leva a destruir belos planetas azuis e a espalhar marcas de guerra: "As pessoas grandes não compreendem nada sozinhas, e é cansativo, para as crianças, estar toda hora explicando". E "Tive assim, no correr da vida, muitos contatos com muita gente séria. Vivi muito no meio das pessoas grandes. Vi-as muito de perto. Isso não melhorou, de modo algum, a minha antiga opinião".

A crise

O que diz sua consciência? –
Você deve se tornar aquilo que é.
Friedrich Nietzsche

Com o medo que o elefantinho tem da jiboia, Saint-Exupéry nos lembra de definir nossos próprios medos. Qual é seu maior medo? É o de ser abandonado pela pessoa amada? Perder o emprego? Que seus filhos sejam infelizes? Morrer antes de viver completamente? Que seu corpo perca o vigor?

Assim como a sombra acompanha o corpo, o medo é inseparável da vida. Daí vem o medo do mundo, a preocupação com a condição do planeta.

Quem vê o medo como parte integrante da condição humana também não pode perder de vista o estado de crise da vida humana. Em *O Pequeno Príncipe*, quem se encontra nessa condição é o Piloto, mergulhado em sua pior crise existencial. Não sabemos exatamente o que aconteceu com o homem em pleno voo.

Se seu avião simplesmente quebrou, ou se ele sofre de algo mais sério, por isso fez uma aterrissagem de emergência. Seguramente, ele foi parar em regiões árduas do Saara: "Alguma coisa se quebrara no motor. E como não tinha comigo mecânico ou passageiro, preparei-me para empreender sozinho o difícil conserto".

Como chefe da frota em Cabo Juby desde o fim da década de 1920, Saint-Exupéry já tinha visto pilotos realizarem consertos improvisados várias vezes, o que possibilitava que as aeronaves voltassem a voar. Assim como seus colegas do serviço postal, ele pilotava um modelo Breguet 14. Era uma aeronave fácil de conduzir e atingia cerca de 130 quilômetros por hora. Era feita com muito material colante, madeira e folhas de metal. Com martelo, alguns pregos, parafusos e cola, um piloto habilidoso era capaz de recompor uma aeronave desse modelo e fazê-la levantar voo novamente.

Às vezes, porém, a situação era arriscada. Saint-Exupéry já havia sentido na pele o que era a luta pela sobrevivência. Em 1935, o pioneiro da aviação postal, ao lado de seu mecânico, André Prévot, teve que fazer um pouso forçado no Deserto da Líbia enquanto voava entre o Cairo e a Indochina. "Achei que não sairia vivo dali", afirmou Saint-Exupéry no livro *Terra dos homens*. Naquele lugar, ele conheceu o caráter inóspito e assassino do deserto.

Com uma garrafa térmica de café com açúcar, meia garrafa de vinho, um pouco de chocolate, algumas bolachas e laranjas, os dois perambularam, mortos de sede, durante cinco dias pelo deserto, três vezes maior que a França. Finalmente, encontraram beduínos que lhes deram água. Assim expressou Saint-Exupéry sua profunda gratidão: "De você, nosso salvador, beduíno da Líbia, jamais me esquecerei! Seu rosto não me sai da memória. Você é quem vejo no semblante de todos os homens! Nunca tinha nos visto e, no entanto, nos reconheceu! É meu amado irmão, e eu o reconhecerei sempre em todas as pessoas!"

A situação do Piloto na história é igualmente dramática, pois ele precisa cuidar sozinho do conserto do avião. "Era, para mim, questão de vida ou de morte. Só dava para oito dias a água que eu tinha."

Todas as pessoas são capazes de voar. Essa é a mensagem oculta da trama. Nem só de pão vive o homem. Ele precisa escalar as encostas dos vales cotidianos, ampliar horizontes, lutar por ideais e vivenciá-los. O homem é o único ser capaz de reflexão, inspiração espiritual, heroísmo e ambição. Dentro de suas possibilidades, ele é uma verdadeira águia. Entretanto, por causa do lado avesso de sua essência, também pode desmoronar. É esse desmoronamento que marca a crise.

A vida humana é permeada de crises. Assim como os primeiros pilotos tinham inevitavelmente que lidar com aterrissagens forçadas, também as crises são inevitáveis. Saint-Exupéry nos leva a entender que a crise não é uma pane que pode ser evitada pela prudência, eficiência e medidas hipocondríacas de prevenção. Ela é determinada pela lei da vida. Em termos paradoxais, precisamos dela. É estimulante, uma forma de propulsão, o motor de nosso desenvolvimento.

A crise é a lei do sofrimento, que me fortalece e me forma. Sem ela, permaneço inerte e sou uma nulidade emocional. "Uma cobra que não troca de pele morre", afirma Friedrich Nietzsche, o psicólogo entre os filósofos. Ao contrário da troca de pele da cobra, a humana é sempre dolorosa. Além disso, precisa frequentemente de solidão.

É exatamente isso que a crise nos proporciona, pois nela somos forçados a pensar sozinhos. Minha crise é, por assim dizer, exclusiva e inédita. Ninguém a vivenciou anteriormente, ninguém jamais a experimentará como eu. Saint-Exupéry encontra uma metáfora poética, imbuída de um senso de urgência, para essa aparentemente inescapável solidão da crise: "Na primeira noite adormeci pois sobre a areia, a milhas e milhas de qualquer terra habitada. Estava mais isolado que o náufrago numa tábua, perdido no meio do mar".

O Pequeno Príncipe é a história da crise e da libertação do ser humano. Não deixa a menor dúvida quanto à importância radical de tal empreendimento. O deserto, com seu ambiente desolador, que não oferece proteção alguma, é a mais clara expressão do encontro do homem consigo mesmo. "O homem não penetrará a essência do deserto se arrastar consigo o barulho da cidade", observa Saint-Exupéry em outra obra. "Uma vez que o deserto não oferece nenhum bem tangível, pois não há nada para ver ou ouvir ali, nele despertamos para o fato de que o ser humano vive de forças invisíveis, que sua vida interior se fortalece com esses impulsos. O homem é controlado pelo espírito. No deserto, meu valor é o valor de meus deuses."

No deserto, não posso fugir de mim mesmo. As árduas tempestades de areia me tiram tudo que não é essencial. Jesus passou quarenta dias no deserto, enfrentando demônios, sua sombra, ou o lado obscuro de sua personalidade. Maomé meditou no deserto. Buda passou 49 dias em solitude sob a árvore de Bodhi, até encontrar a "iluminação".

Na crise, nos encontramos em nossas limitações, mas também em nossas possibilidades de mudança. Só aquele que muda permanece verdadeiro.

Na "crise do deserto", temos a chance de vivenciar a grande história de amor de nossa vida – o amor-próprio. Saint-Exupéry teve essa experiência na desolação do deserto líbio:

> Enquanto apostava com a morte no deserto, me dei conta novamente de algo que me fora sempre tão difícil de entender. Perdido, es-

tava já às raias do desespero, mas na verdade a única coisa que precisava fazer era desistir de buscar a paz. O homem deve viver suas horas com o intuito de se encontrar e se tornar seu próprio amigo.

Individualização e isolamento são sinais marcantes da modernidade. Em uma medida ainda não conhecida historicamente, sou autossuficiente em minha vida, em minha existência. A vida está permanentemente em construção. As crises se mostram como consertos necessários, "reparos" dessa construção.

Nós, filhos da modernidade, temos uma existência em que colocamos diretamente a mão na massa. Somos nosso próprio arquiteto. O plano se delineia durante a construção. Devemos estar sempre dispostos a alterá-lo. Voamos como pilotos no ar da liberdade. Às vezes, o oxigênio é escasso, então caímos. Então, nos vemos de volta ao solo arenoso da existência. A fachada do adulto se desfaz. A criança em mim se ilumina, a criança amedrontada, régia. O pequeno príncipe, a pequena princesa. Quando tenho coragem, falo com eles, para encontrar a mim mesmo.

A criança em mim

> Toda criança é, por assim dizer, um gênio,
> e todo gênio é, por assim dizer, uma criança.
> *Arthur Schopenhauer*

Um mês após a publicação de *O Pequeno Príncipe*, o aclamado autor francês lançou, em fevereiro de 1943, *Carta a um refém*, também dedicado a Léon Werth. Nesse livro, Saint-Exupéry descreve com obscuro ceticismo a crise da fragmentária consciência moderna:

> Hoje em dia, o respeito ao homem, pré-requisito para o desenvolvimento, está em perigo. A desintegração do mundo moderno nos lançou às trevas. Os problemas não têm mais relação entre si, e as soluções são contraditórias. A verdade de ontem está morta, a de amanhã ainda não nasceu. Ainda não é possível visualizar uma síntese, e cada um de nós possui apenas uma parcela da verdade. Sem evidências, as religiões políticas tentam se impor pela violência. E,

enquanto nos dividimos em relação aos métodos, nos arriscamos a não mais reconhecer que caminhamos para o mesmo fim.

Assim como o Piloto na história, Saint-Exupéry acha que o mundo imaginário infantil se perdeu. Em seu caderno, ele escreve: "Precipitadamente, em uma época em que ainda procuramos abrigo e proteção, nos desvencilhamos de Deus, e agora temos que lutar sozinhos na vida, como viajantes solitários". No entanto, o Piloto encontra um "companheirinho" estranhamente radiante, porém solitário, na figura do Pequeno Príncipe:

> Imaginem então a minha surpresa, quando, ao despertar do dia, uma vozinha estranha me acordou. [...] Pus-me de pé, como atingido por um raio. Esfreguei os olhos. Olhei bem. E vi um pedacinho de gente inteiramente extraordinário, que me considerava com gravidade. [...] Olhava pois essa aparição com olhos redondos de espanto. Não esqueçam que eu me achava a mil milhas de qualquer terra habitada. Ora, o meu homenzinho não me parecia nem perdido, nem morto de fadiga, nem morto de fome, de sede ou de medo. Não tinha absolutamente a aparência de uma criança perdida no deserto, a mil milhas da região habitada.

Quem é de fato essa criança, régia e melancólica, que insiste em se apresentar ao Piloto acidentado como Pequeno Príncipe? Quem é esse mensageiro das estrelas? Será que o habitante do asteroide B 612 era um extraterrestre, como os que aparecem na ficção científica? Teríamos aí o precursor do adorável e filosófico ET, que anos mais tarde encantaria crianças e adultos?

Na verdade, não. O aviador encontra seu *alter ego*, seu outro eu. O eu infantil reprimido, a criança dentro de si. O jovenzinho que habita o coração de todos. Trata-se de um eu régio, no sentido psicológico profundo que se oculta nos contos de fadas. Nessa literatura, é comum heróis e heroínas serem reconhecidos como reis e rainhas após árduas provações, alcançando a soberania real e desenvolvendo o potencial de sua personalidade após superar os obstáculos da infância.

Todos podemos nos tornar reis – nos prometem os contos de fadas com otimista coragem em relação à vida – se desenvolvermos as possibilidades de nossa essência a partir das forças e predisposições do principezinho que reside em nós. A criança interior em mim é a essência viva de meu ser. Ainda não foi prejudicada pelo pecado original da idade adulta. Não foi afetada pelas aparências nem pela uniformidade do homem social. Minha criança interior é anarquista, pura, curiosa e tem total resistência à imbecilidade sombria da lógica adulta.

"Se não voltardes a ser como as criancinhas, não podereis entrar no reino do céu", enuncia o Novo Testamento. É o mesmo que dizer: Busque a franqueza e a profundidade da alma infantil, assim você se libertará para sua personalidade e conhecerá as leis de seu desenvolvimento, sua individualidade singular. Quando viver o genuíno eu infantil, independentemente de ideologias, exporei a nudez da "roupa nova do rei" e não me cobrirei mais com uma cortina. Quando estou próximo de minha criança interior, vivo a lealdade, sendo leal comigo mesmo.

Como a psicologia humanista não cansa de enfatizar, a criança interior é uma espécie de norte para você se tornar aquilo que é, como disse Nietzsche, na viagem de descobrimento que é a expedição pela vida. Em *Piloto de guerra*, Saint-Exupéry formula nestes termos essa jornada de individuação humana: "É fácil formar um homem que se subordina cegamente, sem questionar, a um mestre ou líder. Por outro lado, libertá-lo para que aprenda a ser mestre de si mesmo é uma empreitada muito mais difícil".

É a crise que me permite redescobrir minha criança interior como oportunidade e promessa. De repente, vejo novamente o mundo com olhos infantis, a injustiça contra nós, minha responsabilidade por meu próprio sofrimento e, acima de tudo, o surpreendente potencial de meus talentos. Com o frescor da mente infantil, procuro a felicidade além de minha profissão, moradia e conta bancária. Empenho-me em encontrar o sentido da vida. Pergunto-me por que quero ser amado e por que vale a pena viver. Na crise, encontro forças para retomar a vida, assumir novas posições, refletir sobre novas opções e formar um novo panorama geral.

Com a simples lógica do coração, própria do infante em mim, questiono sobre o bem e o mal, o belo e o feio em minha vida. Derramo lágrimas infantis. Saio da armadura que criei para me proteger da severidade mundana. Deixo a pele à mostra. Grito de dor. Ao me separar da velha vida, não mais habitável, renasço.

É o que acontece com o Piloto, que dolorosamente despenca do céu de ilusões. Nos sete dias passados no deserto, exterior e interior, ele pratica a contemplação. Avalia seu destino. Nas mãos da criança interior, procura as fontes de água da vida, para finalmente começar, rejuvenescido e consciente, um novo ciclo.

Nosso Piloto, portanto, encontra a si mesmo no espírito do Pequeno Príncipe. Com ele, nos surpreendemos ao nos deparar com a riqueza que se oculta na criança que vive em seu interior. "Por favor... desenha-me um carneiro!", pede o principezinho, e revela uma fantasia criativa que nós, adultos, há muito perdemos. Depois de algumas tentativas, o Piloto desenha uma caixa com furos nas laterais, dentro da qual provavelmente está o animal. "'Esta é a caixa. O carneiro está dentro.' Mas fiquei surpreso de ver iluminar-se a face do meu pequeno juiz: 'Era assim mesmo que eu queria!'"

Saint-Exupéry nos faz entender que o mistério da infância é um milagre. Nós, adultos, não podemos desperdiçá-lo. Aquilo que chamamos de "educação" geralmente significa obrigar as crianças a se comprimir em um caminho estreito, em vez de deixá-las apreciar a rica curvatura da trilha da vida.

Em *Terra dos homens*, o poeta descreve o drama da criança prodígio, citando uma experiência pessoal:

> Eu estava sentado diante de um casal. Entre o homem e a mulher, uma criança se aconchegava da melhor maneira possível. Dormia. Enquanto sonhava, ela se mexeu e virou o rosto para a sutil iluminação local – a cena se passava em um trem, que transportava trabalhadores dispensados da França de volta à Polônia. Que belo semblante! O casal havia sido presenteado com um pomo de ouro. Que fruto da criação, um ser tímido e gracioso, havia sido posto no caminho deles! Curvei-me diante da testa lisa, diante dos delicados movimentos labiais, e disse a mim mesmo: *Esse rosto é música; provavelmente Mozart era assim quando criança, um milagre promissor para a vida.* Os pequenos príncipes das histórias deveriam ser como esta criança – como ela será tratada quando acordar, crescer e se formar? Quando brota uma rosa em um jardim por mutação, todos os jardineiros se empenham em cuidar dela e tratá-la de maneira especial. Porém, não há jardineiros para as pessoas. A criança, Mozart, será implacavelmente perseguida pelo maquinário da destruição.

O Piloto fica encantado com o Pequeno Príncipe. Como psicoterapeuta, já constatei em meu consultório esse encantamento permeado de alegria. Quando peço a um paciente que traga fotos da infância para a próxima sessão e descreva detalhadamente as condições em que elas foram tiradas, nos divertimos diante da esperteza, da amabilidade, da franqueza e da confiança inspiradas pelas circunstâncias, da tenacidade e da profundidade de caráter da criança. É algo que nos comove e nos toca profundamente.

Uma arca repleta de recursos espirituais preciosos é encontrada, um verdadeiro tesouro até então escondido. O paciente sai do consultório revigorado. Em meio às tão dolorosas aventuras "em busca do tempo perdido" e às dificuldades de perdas e quedas, a pessoa redescobre, naquele momento, a indestrutível criança genial que nela reside, o pequeno príncipe ou a pequena princesa que de agora em diante poderá guiá-la na difícil viagem da vida.

Obviamente, Saint-Exupéry refletiu na figura do Pequeno Príncipe também o amável e fantasioso Antoine da infância. O Pequeno Príncipe, porém, é toda criança vital deste mundo. Cuidadosamente, ele observa seus deveres e responsabilidades: "'É uma questão de disciplina', me disse mais tarde o principezinho. 'Quando a gente acaba a toalete da manhã, começa a fazer com cuidado a toalete do planeta. É preciso que a gente se conforme em arrancar regularmente os baobás logo que se distingam das roseiras, com as quais se parecem muito quando pequenos'".

Com propriedade, ele revolve os dois vulcões ativos e também o extinto. Ama ver o sol se pôr 43 vezes por dia. Leva a sério os minúsculos planetas de sua imaginação. É realmente solidário com as frágeis flores. Dedica-se com afinco a tarefas tradicionalmente femininas, como cuidar daquilo ou daqueles que lhe são confiados. Como quando se preocupa com o que acontecerá se o carneiro devorar a única flor existente: "Se alguém ama uma flor da qual só existe um exemplar em milhões e milhões de estrelas, isso basta para que seja feliz quando a contempla. Ele pensa: 'Minha flor está lá, em algum lugar...' Mas se o carneiro come a flor, é para ele, bruscamente, como se todas as estrelas se apagassem!"

Que criança sensível, que desata a chorar só de pensar na morte de uma flor! O Piloto, um homem severo, enrijecido pela vida, descobre sua alma feminina, sua *anima*:

Havia numa estrela, num planeta, o meu, a Terra, um principezinho a consolar! Tomei-o nos braços. Embalei-o. E lhe dizia: "A flor que tu amas não está em perigo... Vou desenhar uma pequena mordaça para o carneiro... Uma armadura para a flor... Eu..." Eu não sabia o que dizer. Sentia-me desajeitado. Não sabia como atingi-lo, onde encontrá-lo... É tão misterioso, o país das lágrimas!

O Pequeno Príncipe vive e ama intensamente. Ambas as coisas, porém, são cheias de complicações e punem as mentiras que falam apenas do paraíso infantil e ocultam seus perigos. Pois, no meio do terreno simples, sem arestas da infância, escondem-se perigos e mal-entendidos. Os perigos são os baobás, cujas raízes devem ser arrancadas, do contrário farão o planeta rachar. O Pequeno Príncipe precisa estar sempre atento.

Você sabe quais eram os baobás que ameaçavam arruinar o planeta de sua infância? O casamento em crise de seus pais? Alcoolismo na família? Rivalidade destrutiva entre irmãos? Medos ocultos? Dificuldades financeiras? Avós abandonados em asilo ou casa de repouso? Mãe insensível? Pai ausente? Surras? Humilhações? Você tinha tarefas demais e se sentia sobrecarregado? Tinha que cuidar de irmãos mais novos? Precisava melhorar o clima familiar tenso?

Quem não enfrenta esses "baobás" em uma infância difícil? Assim como o Pequeno Príncipe, todos nós frequentemente temos que lutar, solitários e valentes, contra eles.

Além disso, quem não conhece também os mal-entendidos do amor na vida infantil? Às vezes, não é possível conquistar o amor materno ou paterno. Não porque a criança não seja digna de amor, e sim porque um dos pais não é capaz de amar ou prefere outro filho. Temos aqui a Rosa, que o Pequeno Príncipe quase arranca. Saint-Exupéry emprestou de sua instável esposa salvadorenha, Consuelo, os traços hipocondríacos, narcisistas e histéricos, porém belos, da Rosa. Os dois tinham uma relação que beirava o desespero, com proporções quase catastróficas.

A Rosa do Pequeno Príncipe se destaca pela beleza, mas também tem espinhos afiados. O Pequeno Príncipe, assim como todos nós no começo de uma paixão erótica, ainda não compreende a explicação de "amor e dor". Ele não sabe que amor e dor, como diziam as canções da Alta Idade Média, "andam de mãos dadas". Ele ainda não tem a experiência do amor. Não sabe estabelecer limites. Ainda tende a fazer do amor uma unidade de terapia intensiva e, com seus atos cuidadosos, sufoca a rosa-mulher sob a redoma de vidro.

Ainda falta ao aluno primário do amor o dom de se relacionar. Ele se resigna com a rosa:

> Assim o principezinho, apesar da boa vontade do seu amor, logo duvidara dela. Tomara a sério palavras sem importância, e se tornara infeliz. "Não a devia ter escutado", confessou-me um dia, "não se deve nunca escutar as flores. Basta olhá-las, aspirar o perfume. A minha embalsamava o planeta, mas eu não me contentava com isso."

A mulher de Saint-Exupéry, Consuelo, era asmática. Stacy Schiff, na biografia que redigiu sobre o autor, diz: "Ela era tão sensível ao ar como a flor sob a redoma do Pequeno Príncipe. Assim como a rosa, ela expressava suas meias-verdades em meio a uma tosse perturbadora". As palavras de Saint-Exupéry por meio do Pequeno Príncipe revelam uma melancólica explicação para seu amor à bela Consuelo: "Não soube compreender coisa alguma! Devia tê-la julgado pelos atos, não pelas palavras. Ela me perfumava, me iluminava... Não devia jamais ter fugido. Devia ter-lhe adivinhado a ternura sob os seus pobres ardis. São tão contraditórias as flores! Mas eu era jovem demais para saber amar".

Como Nils Holgersson,* o Pequeno Príncipe utiliza pássaros selvagens para deixar o asteroide B 612. Como todos os heróis e heroínas de contos de fadas, ele nos revela uma verdade fundamental sobre o fim da infância – preciso me afastar das pessoas e do mundo que amo, para, nessa despedida, me abrir para o despertar e para o encontro de novas regiões da minha alma. Por mais doloroso que seja esse processo, é a partir dele que minha criança interior poderá se manifestar, se eu permitir. Somente quando tiver encontrado a mim mesmo, poderei retornar ao meu amor e amar uma "rosa".

Separação é, nesse sentido, rompimento. Mas é dolorosa como uma amputação. A separação cria uma divisão entre infância e idade adulta – as crianças não podem partir. Os adultos, sim.

---

* Personagem do livro *A maravilhosa viagem de Nils Holgersson*, da escritora sueca Selma Lagerlöf. (N. do E.)

O autoritarismo

Só é rei aquele que domina as próprias paixões.

Sócrates

Enquanto a maioria dos heróis e heroínas de contos de fadas segue o caminho para a floresta encantada, como João e Maria, o Pequeno Príncipe faz uma viagem galáctica. O que significariam os planetas visitados por ele e seus singulares habitantes? O que tal reconhecimento teria a ver comigo? Trata-se apenas de um panorama de seres estranhos? Um simples cenário burlesco? Devemos interpretar esses seres planetários como atores encenando o mundo adulto? Ou será que eles representam, nas palavras de Jung, aspectos "sombrios" da personalidade humana?

Parece que os tipos encontrados pelo Pequeno Príncipe, com seu incrível coração infantil, devem ser compreendidos tanto objetiva quanto subjetivamente. Esses seres, com desígnios extremos e unilaterais de vida e limitações emocionais, aparecem continuamente no cotidiano. Esbarro neles, sofro com eles e me aproveito deles. Entretanto, ajo como se não compartilhassem a existência comigo, embora sejam todos, sob um aspecto subjetivo, partes de mim – sou o Rei autoritário, o Vaidoso que só ouve elogios, o Bêbado envergonhado, o Homem de Negócios com coração de pedra, o neurótico e superzeloso Acendedor de Lampiões e o Geógrafo que não sai da escrivaninha. Com as visitas do Pequeno Príncipe, Saint-Exupéry me guia pelas divisões de minha própria alma. Com parábolas poéticas, ele apela, como diria Kafka, para "o machado que quebra o mar gelado em nós".

Vejamos o primeiro asteroide, 325. Ali vive o Rei. Assim como os personagens seguintes, o caráter deste já é revelado pelo cenário e pela primeira frase que exclama. Psicoterapeutas aprendem, em sua formação profissional, a observar a primeira atitude do paciente e a detectar com atenção especial a transferência. Como você reagiria se, ao visitar alguém, essa pessoa, em vez de lhe oferecer um lugar para se sentar, uma vez que reivindica para si todo o espaço, lhe dissesse: "Eis um súdito"?

O Pequeno Príncipe, esse ser verdadeiro, reage de maneira totalmente despreocupada. Ele boceja e se recusa a demonstrar o respeito que o prepotente Rei exige. Para este, todos são seus súditos, inferiores, "paus-mandados". O planeta todo é coberto pelo manto de arminho do egocêntrico soberano. Sem o "magnífico manto", ele provavelmente pareceria desprezível. Quando se imagina a pessoa em roupas de baixo, sem vestes nobres e desprovida de títulos bombásticos, ela se reduz a nada. O monarca representa, por assim dizer, o arquétipo negativo do rei, a apropriação do poder e a falsa autoridade. Esse questionável Rei nada mais faz além de organizar sua autoridade: "Não tolerava a desobediência. Era um monarca absoluto".

Nos bastidores, a vida vazia dele não difere da nossa, quando assumimos o papel de dominação e encarnamos o personagem.

Assola-nos também a semente da dúvida. O Rei de Saint-Exupéry sabe, no íntimo, o que significam as ordens. Como não pode proibir o Pequeno Príncipe de bocejar, ordena subitamente que boceje. Claro que não é capaz de ordenar o pôr do sol, mas age como se fosse: "Eu o exigirei. Mas eu esperarei, na minha ciência de governo, que as condições sejam favoráveis".

Na verdade, o Rei apenas encena, pois tudo funciona muito bem sem ele. Mas não pode reconhecer isso. Está enlouquecido. Ele acha que é capaz de governar o universo todo, até mesmo as estrelas: "[Elas me] obedecem prontamente. Eu não tolero indisciplina".

O que significa isso? Desde a mais tenra infância, desenvolvem-se em cada um de nós "visões" de mundo e dos indivíduos. Uma dessas visões seria: "Quero, com meu trabalho, contribuir para o bem da sociedade". Uma falsa visão poderia ser algo como: "Provarei a todos que sou o maior". Se um rei tirânico for o dramaturgo de nossa alma, ele declarará: "Eu governo tudo". Na verdade, ele quer dizer: Em qualquer lugar que eu, como rei instituído, entre, manterei o nariz empinado. Considero todas as pessoas inferiores a mim. Sou o todo-poderoso. Sou o melhor. Não admito contradições e não tolero opiniões. Ninguém pode me ensinar nada, pois estou petrificado e não tenho mais o que desenvolver. Na companhia de alguém, humilho o outro, e sou inalcançável e inatingível. Faltam-me clemência, autocrítica e amor ao próximo.

O que faço quando me deparo com esse tipo autoritário no local de trabalho, na família ou no casamento? Será que sou tão soberano como o Pequeno Príncipe, que balança a cabeça e se afasta tranquilamente dos acontecimentos, em busca de liberdade? Ou minhas pernas ficam bambas? Tento resistir ao poder, impondo minha própria vontade? Na peça *O rosto*, de 1964, o escritor alemão Siegfried Lenz aborda a terrível relação dialética entre dominador e dominado, entre autor e vítima: "Todo dominador depende de dominados, e, quanto mais servis forem estes, mais ele os violará".

A cena do Rei em *O Pequeno Príncipe* me encoraja a fazer duas coisas – controlar o dominador tirano dentro de mim e resistir àquele que tenta me dominar. Jean-Jacques Rousseau definiu: "O homem nasce livre, e por toda parte vive acorrentado". Mais de duzentos anos depois, após a experiência do fascismo, do comunismo e da malfadada globalização, essa frase parece ter sofrido uma alteração fundamental: "O homem nasce livre, e por toda parte acorrenta a si próprio".

Se quiser resistir ao autoritarismo, devo antes me livrar das correntes com as quais me prendi, por medo, falta de reflexão e estupidez. Essa é sempre uma tarefa nova e ao mesmo tempo antiga. Em 1783, seis anos antes da Revolução Francesa, o filósofo Immanuel Kant assim formulou, no artigo "O que é o Iluminismo?", uma definição que deveria ficar registrada para a posteridade:

> O Iluminismo é a superação, por parte do homem, de sua condição de menoridade, da qual ele mesmo é culpado. A menoridade é a incapacidade de se servir da razão sem se submeter ao outro. Não implica falta de entendimento, e sim preguiça e covardia, que privam o sujeito de lançar mão da razão. Ouse saber! Tenha a coragem de se servir de sua própria inteligência. Que seja esse então o lema do Iluminismo.

Voltemos à despreocupação da criança diante da imponência da estupidez. Superemos a apatia de nosso coração. Kant afirma: "É por causa da preguiça e da covardia que grande parte dos homens, mesmo quando sua natureza já se encontra há muito livre do domínio externo [...], continua na menoridade; e é pelo mesmo motivo que tantos lhes impõem facilmente a própria vontade. É muito cômodo permanecer nesse estado".

Não nos esqueçamos de que os líderes políticos, a mídia, as agências de publicidade e a indústria do consumo só se tornaram grandes formadores de opinião porque delegamos a eles esse poder. Em relação a isso também, Kant caracteriza nossa preguiça de agir e pensar: "Se tenho um livro que pensa por mim, um pastor que se ocupa de minha consciência, um médico que me prescreve uma dieta e assim por diante, não preciso me esforçar. Não preciso pensar, se posso pagar por isso; outros se incumbem das tarefas árduas por mim".

O autoritarismo é perigoso, esteja ele escondido em mim ou sobre mim. Se sou motivado pelo domínio, pelo despotismo, uso as pessoas, em vez de respeitá-las e me unir a elas com sabedoria. Por outro lado, os que têm autoridade sobre mim tentam, de qualquer forma e o tempo todo, me subornar com presentes: "'Ah!', disse o rei, 'eu tenho quase certeza de que há um velho rato no meu planeta. Eu o escuto de noite. Tu poderás julgar esse rato. Tu o condenarás à morte de vez em quando; assim, a sua vida dependerá da tua justiça. Mas tu o perdoarás todas as vezes, para economizá-lo. Pois só temos um'". O dominador nos presenteia com um poder limitado. É aí que chegamos à *banalidade do mal* – expressão criada por Hannah Arendt –, que produz assassinos de gabinete, como Eichmann.

Assim, saudemos como herói aquele que não se corrompe: "Eu não gosto de condenar à morte, e acho que vou mesmo embora", diz o Pequeno Príncipe.

A inofensiva conversa entre o Pequeno Príncipe e o Rei termina, portanto, no assunto da pena de morte, nos causando arrepio. O encontro com o poder descontrolado, esteja ele no interior do indivíduo ou nas autoridades acima dele, pode significar uma ameaça à vida.

Ser ou parecer

> No homem, a arte da encenação atinge o ápice: engodo, decepção, lisonja, mentira, infâmia, fofoca, representações, máscaras, convenções, teatralidade; em suma, a contínua corrida ao redor da chama da vaidade é regra e lei, a tal ponto que nada seria mais inconcebível que o surgimento de um instinto honesto e puro no homem.
>
> *Friedrich Nietzsche*

O segundo planeta visitado pelo principezinho é habitado pelo Vaidoso. Também nesse episódio, a cena inicial é importante: "'Ah! Um admirador vem visitar-me!', exclamou de longe o vaidoso, mal vira o príncipe. Porque, para os vaidosos, os outros homens são sempre admiradores".

O Pequeno Príncipe fica intrigado. O Vaidoso usa um "chapéu engraçado". Mas não o utiliza para proteger os olhos ou se esquivar da chuva. A única função é agradecer quando alguém o elogia: "Infelizmente não passa ninguém por aqui", reclama.

O Vaidoso não espera nada com maior avidez do que aplausos de admiradores. Quando o Pequeno Príncipe faz o favor de aplaudi-lo, ele tira mecanicamente o chapéu em agradecimento e depois o recoloca. É a saudação do majestoso. Essa neurose é totalmente estranha ao Pequeno Príncipe, que logo se cansa da brincadeira. Antes, porém, de se entediar totalmente e continuar a jornada, ele tenta compreender o mistério daquele homem narcisista. Pergunta ao Vaidoso o que significa "admirar". Segue-se um interessante diálogo:

– Admirar significa reconhecer que eu sou o homem mais belo, mais rico, mais inteligente e mais bem-visto de todo o planeta.

– Mas tu és sozinho em teu planeta!

– Dá-me esse gosto. Admira-me mesmo assim!

– Eu te admiro – disse o principezinho, dando de ombros. – Mas como pode isso interessar-te?

A pergunta exata é: Quando sou dominado pela vaidade, por que dou tanta importância à admiração alheia? Aparentemente, a transferência de meu centro para o exterior significa que minha noção de valor próprio não se sustenta sozinha, mas depende da aprovação dos outros. Como no caso do autoritário e sua estatura moral, não entra em ação aqui um processo de compensação doentio e infeccioso?

No caso do Rei, como vimos anteriormente, sua real inconsciência se reflete no exercício do poder. O Vaidoso compensa seu evidente ego frágil – que intimamente ele considera inferior e indigno de ser mostrado – com encenação pomposa e exaltação de seu eu. "A vaidade", diz Nietzsche, "é a tendência de se mostrar como indivíduo quando, na verdade, não se é."

O Vaidoso corresponde ao tipo histérico. No livro *Anxiety: Using Depth Psychology to Find a Balance in your Life*, Fritz Riemann explica detalhadamente e com muita propriedade esse tipo de caráter. "Eu sou porque me admiram" é a máxima do narcisista. "Se vocês me veem em meu fulgor, então devem me amar!" Mulheres e homens histéricos encenam a vida, inebriados, extasiados, como se ela fosse um espetáculo. Para eles, o mundo é um palco, e o parceiro é o público, cuja única função é escutá-los e aplaudi-los até as mãos doerem.

Se tenho caráter vaidoso e histérico, não tenho estrutura para o diálogo, mas para o monólogo. Por trás da estridência de minhas triunfais aparições, incessantes frases de efeito e tiradas, esconde-se o eu debilitado pela baixa autoestima. Eu me proíbo de demonstrar sinais de depressão e amargura ocultas. Devo sempre me mostrar em ótima forma. O escritor romântico francês François-René de Chateaubriand, de temperamento histérico-depressivo, resumia nos seguintes termos a depressão e a necessidade de autoafirmação e reconhecimento que sentia: "Eu gostaria de viver em um eremitério. Mas ele teria de ser um palco".

Se há em mim traços do Vaidoso de Saint-Exupéry, voo como uma borboleta colorida pelo mundo afora, pousando de flor em flor. Sou o *puer aeternus*, o eterno jovem, ou a sempre jovial donzela sedutora com "síndrome de Helena" – os homens devem fazer guerras troianas por mim; temo a idade e a morte.

O caráter vaidoso, porém, nem sempre é negativo. De fato, uma dose de vaidade pode ser extremamente produtiva, pois nos permite ter alto desempenho. Sem o mínimo de vaidade, nos tornamos desleixados com nós mesmos. Segundo Riemann, o vaidoso histérico é aquele que:

> gosta de riscos, é empreendedor e está sempre disposto a conhecer o novo; é maleável, plástico, vivaz, frequentemente flexível, ativo, animado e espontâneo, gosta de improvisar e experimentar [...]. Ele

dá vida a tudo, abala tradições e dogmas enraizados, e sempre tem algo atraente para contribuir, além de muito charme [...]. Desse modo, pode levar a vida de maneira original e ousada, como se se tratasse de uma aventura; para ele, o sentido da vida é viver de maneira rica, intensa e plena.

Saint-Exupéry, no entanto, me mostra o que a vaidade doentia é capaz de fazer comigo. Se o estopim da expressão verbal, da retórica, é aceso pela vaidade, sou tomado intimamente por um sentimento de vazio e inexistência. Sou então um pobre coitado. A cortina que separa o palco dos bastidores é frágil e se torna cada vez mais transparente. Com o Pequeno Príncipe, a ilusão dura exatamente cinco minutos.

Nada descobrimos na história a respeito da biografia interior e da psicogênese do Vaidoso. Quando o observamos com atenção e pensamos em nossa tendência à autoafirmação histérica, naturalmente nos vem a pergunta: Como um indivíduo desse tipo se desenvolve? A psicologia nos fornece algumas informações. O psicanalista alemão Horst-Eberhard Richter atribui a responsabilidade a determinado tipo de família neurótica. Em sua principal obra, *A família como paciente: a origem, a natureza e o tratamento de conflitos conjugais e familiares* (1970), ele aborda a noção de "família teatral", na qual todos os membros interpretam um papel, tanto uns para os outros quanto para estranhos. Todos querem ser o centro das atenções e têm necessidade de aplausos. As relações são artificiais. O único "poder e glória" é a atenção. Todos são reciprocamente atores e público.

Os membros de uma família teatral tentam provar a si mesmos e aos outros que sua encenação é o mundo real, e que este não passa de uma peça de teatro. A comunicação é cansativa, insistente e ávida por reconhecimento. O interlocutor é relegado ao papel de coadjuvante. Esse comportamento, que é também um mecanismo de repressão, oculta sinais de depressão do indivíduo teatral em seu "solitário camarim". Assim como com o Vaidoso de Saint-Exupéry, podemos nos compadecer dessa pessoa histérica. Como deve ser exaustiva essa permanente encenação autoenganosa!

Se todas as minhas ações são guiadas unicamente pela vaidade, traio a mim mesmo. Um eu a esse ponto idealizado tem como único ideal o próprio eu, o que só pode terminar em decepção. Obviamente, essa idealização promove uma reavaliação imaginária da existência e parece aplacar o medo original. Por outro lado, gera também uma dinâmica destrutiva, pois essa irreal autovalorização leva ao desprezo do verdadeiro eu. O preço pago pelo sonho do endeusamento do eu é o afastamento do eu verdadeiro, que é sempre forte *e* fraco, nobre *e* vil.

Em casos extremos, esse distanciamento pode levar a um transtorno esquizofrênico de personalidade. O psiquiatra escocês Ronald D. Laing descreve essa perda do eu essencial no famoso livro *O eu dividido: estudo existencial da sanidade e da loucura* (1960). Ali, ele introduz o conceito de "insegurança ontológica". Normalmente, cada indivíduo experiencia a si próprio como real, vivo, completo, diferente do restante do mundo, internamente consistente, com substância, verdade e valor; cada indivíduo tem, portanto, um núcleo ou essência coesa de "segurança ontológica". Uma pessoa egocêntrica e insegura como nosso doentio Vaidoso, contudo, experiencia o íntimo de sua alma como algo mais morto que vivo, inconsistente, quase sem corpo ou substância. Na vaidade histérica, estou sempre ocupado em afirmar minha identidade e, acima de tudo, meu corpo. Ao mesmo tempo, temo perder essa identidade. Se sou vaidoso, vivo como Peter Schlemihl* no conto

* Personagem do livro *A história maravilhosa de Peter Schlemihl*, de Adelbert von Chamisso, francês naturalizado alemão. Peter vende sua sombra ao Diabo por uma bolsa da fortuna inesgotável. (N. do E.)

de Adelbert von Chamisso – perco minha sombra e, com ela, meu ser. Converto-me em imitação de homem. Estou doente.

Saint-Exupéry formula essa ideia em *Cidadela*:

> Ocorreram-me pensamentos em relação à vaidade. Sempre me pareceu não um defeito, mas uma doença [...]. Como o outro pode lhe satisfazer se não for por meio do amor e se você não lhe der nada em troca? [...] A vaidade se baseia em dons falsos e em uma mentira [...]. O vaidoso tem inveja do rei. E, quando o rei lhe sorri, ele se faz de importante e se orgulha, torna-se uma caricatura do rei e se deixa ser invejado. O rei lhe emprestou seu traje púrpura. Agora ele apenas o imita.

Não podemos dizer que o drama do Vaidoso nada tem a ver conosco, que se trata apenas de um comportamento patológico raro. Basta pensarmos na sede de consumo da sociedade. Não tem quase tudo a ver com vaidade? Não é a causa de quase tudo que procuramos? Sejamos sinceros: Quantos sapatos, calças e camisas existem em nosso guarda-roupa? Não representamos diariamente papéis diante dos outros? Será que temos coragem de demonstrar fraqueza, ineficácia e vulnerabilidade?

Não tentamos, com nossos apetrechos pós-modernos, estar sempre na moda e agir segundo o culto ao jovem das propagandas? Por acaso, o lema de nosso credo moderno não é "Consumo, logo existo"? E já não definimos há muito os termos do crescimento exponencial dos bens de consumo, para a satisfação de nossa vaidade?

Por acaso não vivo como o infeliz monarca do conto de fadas *A roupa nova do rei*, de Hans Christian Andersen, e não represento a "sociedade da experiência e da diversão"? Com minha frivolidade, não perco tempo dando passos aleatórios sem sair do lugar? Não deixo de acessar as potencialidades adormecidas de minha personalidade, bem como novos caminhos, desafios e chances de desenvolvimento que se expõem à minha frente? É curta a visita do Pequeno Príncipe ao Vaidoso. Mas quantas perguntas sobre o "ser" *versus* o "parecer" de minha existência ela traz!

Vício e desejo

Não é a droga, e sim o homem.
Walther H. Lechler

O encontro do Pequeno Príncipe com o Bêbado é o mais breve de todos e, contudo, o que provoca no principezinho a mais profunda melancolia. O pequeno capítulo não deve ser ignorado, pois expressa um conflito muito importante.

O problema do alcoolismo é frequente em meu consultório. Na maioria dos casos, são mulheres que reclamam do vício do marido. Quando, em outra sessão, atendo ao homem alcoólatra, quase sempre acontece a mesma coisa. Ele banaliza a situação, minimiza o problema, utilizando dados equivocados. "O que há de errado em tomar uma cervejinha ou um drinque à noite?", diz, por exemplo, um deles. Ou: "Sou sociável. Quando visito alguém, não posso ficar bebendo apenas água mineral. E entre uma conversa e outra, sempre cabe mais um drinque".

Por que não é possível beber só água em uma visita a amigos? Um drinque sem álcool não serve para um bate-papo? Geralmente, a esposa é descrita como desanimada e fria. Muitas mulheres casadas já me disseram: "Simplesmente não quero dormir com o meu marido quando ele chega em casa cheirando a álcool". O álcool é a segunda causa do fim do amor entre casais, perdendo apenas para a falta de diálogo.

O álcool está no topo da lista dos problemas de vício. Segundo dados do Conselho Alemão de Combate ao Alcoolismo, mais de seis milhões de alemães têm problemas com essa substância, e cinco milhões de homens e mulheres sofrem de dependência direta. Na Alemanha, o consumo médio de álcool puro por habitante é de 10,9 litros ao ano. Isso resulta do fato de que, em média, cada alemão consome 31 litros de cerveja, 18 litros de vinho e 4,5 litros de champanhe por ano. Segundo os conselhos de trânsito daquele país, duzentos mil caminhoneiros alcoolizados são pegos pela polícia anualmente. Uma em cada duas mortes no trânsito ocorre devido à ingestão de álcool. O prejuízo decorrente desse vício supera quinze milhões de euros por ano. Um alcoólatra diminui seu desempenho, em média, para um quarto da produção normal, adoece 2,5 vezes mais e sofre 3,5 vezes mais acidentes de trabalho que uma pessoa saudável.

Em sua obra clássica *Memórias de um alcoólico: John Barleycorn,* Jack London afirma:

> Estou convencido de que não há um único homem entre dez mil, entre cem mil, que nasce com predisposição para beber. O alcoolismo é, a meu ver, um hábito mental [...]. Dentre milhões de beberrões, não há um deles que tenha começado a beber sozinho. Todos começam na companhia de alguém, e o ato de beber sempre tem, antes de tudo, dimensão social.

Tenho observado cada vez mais que esse tipo de dependência traz um sofrimento inimaginável ao casal e à família. Em alguns países, os planos de saúde consideram o alcoolismo doença. Praticamente ninguém descreveu o círculo vicioso dessa dependência de forma tão precisa como Saint-Exupéry. O Pequeno Príncipe fica desolado:

> – Que fazes aí? – perguntou ao bêbado, silenciosamente instalado diante de uma coleção de garrafas vazias e uma coleção de garrafas cheias.
>
> – Eu bebo – respondeu o bêbado, com ar lúgubre.
>
> – Por que é que bebes? – perguntou-lhe o principezinho.
>
> – Para esquecer – respondeu o beberrão.
>
> – Esquecer o quê? – indagou o principezinho, que já começava a sentir pena.
>
> – Esquecer que eu tenho vergonha – confessou o bêbado, baixando a cabeça.
>
> – Vergonha de quê? – investigou o principezinho, que desejava socorrê-lo.
>
> – Vergonha de beber! – concluiu o beberrão, encerrando-se definitivamente no seu silêncio.

É exatamente esse o círculo vicioso de todo dependente, não só do alcoólatra – não encontrar saída da esfera de culpa, vergonha e esquecimento. Além disso, o que o Pequeno Príncipe não sabe é que viciados são constantemente seduzidos pelo mercado.

Maja Langsdorff registra a seguinte situação no livro *Die heimliche Sucht, unheimlich zu essen*: "A indústria farmacêutica, os produtores de tabaco, os fabricantes de jogos eletrônicos, de vinho, aguardente e cerveja, a indústria de doces e muitos outros setores vivem de produtos que têm o potencial de viciar". O vício é uma relação entre o produtor da droga e o consumidor com propensão ao uso. Nas palavras de Langsdorff: "Os produtos em si não têm efeito viciante. A abundância e a facilidade de uso, contudo, é que encontram terreno fértil. Sabe-se hoje em dia que, com predisposição, uma pessoa pode desenvolver comportamento obsessivo e dar vazão às tendências ao vício".

Vício é sinal de grave distúrbio mental. Ele atua como uma falsa resolução de conflitos, que esconde problemas interiores. O Bêbado, que tanto chateia o Pequeno Príncipe, é apenas um exemplo dramático. Geralmente, o vício parece casual; às vezes, reveste-se de aparente indiferença. Vinte milhões de pessoas são viciadas em nicotina na Alemanha. Jovens começam a se viciar nessa droga por volta dos 12 anos, porque ela é aceita pela sociedade.

Vejamos também o sobrepeso. Praticamente um em cada dois europeus está acima do peso. De certa forma, isso levou médicos famosos, como o suíço Maximilian Bircher-Benner e o alemão Max Otto Bruker, a apontar a deficiência nutricional como a doença da civilização, consequência da alimentação industrializada. Frequentemente, porém, a síndrome do sobrepeso e o vício em comida revelam distúrbios mentais mais profundos. Todos nós sabemos que, em alguns momentos, comemos por ansiedade, ou, ao contrário, emagrecemos por causa de preocupações.

Os transtornos alimentares geralmente têm origem na criança interior. De fato, um típico comportamento infantil é a criança comer demais ou recusar comida quando se zanga ou se entristece. Empanturrar-se ou fazer greve de fome são atitudes compensatórias, experimentadas primeiramente na infância. Em situações de crise, apelo para padrões de minha defesa primitiva. O Bêbado da história não é exceção – somos cúmplices dele em diversos tipos de vícios.

O destino do personagem deprime o Pequeno Príncipe. Ele simpatiza com o Bêbado, pois este também é um ser humano e tem uma história. Já foi capaz de amar. Mas agora precisa de ajuda.

Diante disso, podemos compreender a noção de vício, no sentido clínico e patológico, bem como o comportamento dependente, como sinal de perigo, crise e alerta da alma. Se sou dependente, me distancio de meu verdadeiro eu, deixo de amar a mim mesmo.

É preciso sempre fazer estas perguntas: Sou realmente uma pessoa livre de vícios? Qual é minha predisposição para a dependência? O que escondo dentro de mim? Podemos ser viciados em qualquer coisa – em ajudar o próximo, em trabalho, relacionamentos, doces, comida, álcool, cigarro, sexo, jogos eletrônicos, jogos de azar, tricô, leitura, televisão, telefone, Internet, carros etc. Daí se originam ciúme, ganância, autopromoção. "Não é a droga", diz o famoso médico e terapeuta de dependentes Walther H. Lechler, "e sim o homem."

O Bêbado, em *O Pequeno Príncipe*, constrói para si uma espécie de fortaleza, que consiste nas garrafas à sua frente. O comportamento adicto, contudo, não se restringe à dependência de substâncias. A área clínico-psicológica geralmente trata do vício material. No entanto, há também o conceito popular do viciado em disputas, do viciado em poder. Somos dependentes quando não resistimos à atratividade de uma substância ou quando não conseguimos mudar comportamentos que nos são prejudiciais. Tudo pode viciar, desde esportes até a religião.

Por trás do vício, esconde-se o desejo de viver e amar. Drogas ou comportamentos dependentes são apenas substitutos disso. Eles me deixam preso em mim mesmo e tão solitário quanto o pobre Bêbado. O personagem tem chance, se quiser. Todos temos. Antes, porém, precisamos estar dispostos a descrever detalhadamente a extensão da dependência. É preciso deixar de lado fantasias de grandiosidade e humildemente buscar ajuda. "Não é vergonha ser viciado, vergonha é não fazer nada para sair do vício", diz uma frase dos Alcoólicos Anônimos. Existe ajuda particular e profissional. Um processo longo, doloroso, porém libertador, aguarda o dependente.

O Bêbado na história perdeu, enfim, o sentido da vida. Na crise do vício, surge a chance de reencontrá-lo. O viciado se afunda na vergonha, e é justamente esse sentimento que semeia a dependência. *Porque* se envergonha, o doente não melhora. Somente quando começa a perceber o distanciamento e a extensão do vício, quando começa a trabalhar a partir disso, consegue finalmente deixar esse sentimento de lado, expressar sua insatisfação existencial e sair do "sono" de sua vida infeliz. O vício é também uma doença dos sentidos.

Aquele cuja vida perdeu o sentido se refugia na ilusão de substâncias que geram dependência ou em comportamentos dependentes. Quando consegue novamente se firmar na realidade, na profissão, na família ou no convívio social, no esporte, na música ou em atividades que lhe agradam, ele não precisa mais se apoiar no vício. O Bêbado apático de Saint-Exupéry, com seu palavrório infundado, de repente se levanta diante de nós, com os olhos brilhantes e bem abertos e uma nova disposição para a vida.

Além disso, o Pequeno Príncipe nos mostra que não se deve ignorar o modo de lidar com a doença do viciado. "E o principezinho foi-se embora, perplexo." Por quê? Como uma pessoa pode deixar um doente sozinho? No lugar dele, será que eu não falaria com o Bêbado, esconderia as garrafas, ameaçaria não mais amá-lo, conversaria longamente com ele, insistiria em ajudá-lo, mesmo que com isso eu também entrasse em depressão?

Esse comportamento, porém, indicaria codependência – envolvimento doentio no sistema do dependente. Eu seria apenas cúmplice. Enquanto eu conversar e discutir, participar das encenações e dar desculpas ao chefe dele, só ajudarei a fortalecer o vício. Somente quando apresentar a ele, com toda sinceridade e rigidez, as alternativas – deixar o vício ou terminar o relacionamento – é que a angústia poderá acabar. Na terapia com viciados, isso se chama "ajuda pela não ajuda".

Na infância, quando expressamos desejos, corremos menos perigo. Na situação de vício, nossa única ajuda é o retorno à alma infantil. Mais uma vez o Pequeno Príncipe se espanta: "As pessoas grandes são decididamente muito bizarras", pensa ele enquanto parte.

Se, por causa do vício, me tornei isolado demais, devo procurar um grupo de apoio. Décadas atrás, trabalhando com grupos de ajuda a alcoólatras, Richard Beauvais formulou o seguinte sobre a libertação do indivíduo por meio do grupo:

> Estamos aqui porque não podemos mais fugir de nós mesmos. Enquanto uma pessoa não puder olhar nos olhos e no coração dos outros, ela continuará fugindo. Enquanto não admitir que outras pessoas fazem parte de seu coração, não se sentirá segura. Enquanto tiver medo de ser vista, não reconhecerá a si mesma nem aos outros – ficará sempre sozinha.
>
> Onde poderemos ver tal espelho senão no próximo? Aqui na Associação, o indivíduo pode finalmente se entender claramente e não mais se enxergar como gigante de seus sonhos nem anão de seus medos, e sim como ser humano que, sendo parte do Todo, contribui para o bem-estar geral.
>
> Neste solo, podemos criar raízes e crescer, não mais sozinhos – como na morte –, e sim vivos, como seres humanos entre seres humanos.

Ter ou ser

> Em algum lugar, nos desviamos do caminho. O formigueiro humano está maior do que nunca. Alegramo-nos com mais bem-estar e mais tempo de lazer e, no entanto, algo essencial nos falta [...]. Sentimo-nos menos humanos; em alguma parte do caminho, perdemos nossos privilégios misteriosos.
>
> *Antoine de Saint-Exupéry*

Por acaso você já disse algo como: "Vou morrer de tanto trabalhar"? Em caso afirmativo, você pertence ao quarto planeta, o do Homem de Negócios.

Também nesse caso, a frase inicial do capítulo transmite a mensagem de toda a cena: "[O homem] estava tão ocupado que não levantou sequer a cabeça à chegada do príncipe". Aliás, ele levanta a cabeça uma única vez, mas não podemos ter certeza de que olha o Pequeno Príncipe nos olhos.

Já saímos com o principezinho do planeta do Bêbado, e mais uma vez temos que lidar com um dependente. O Homem de Negócios sofre de vícios diferentes – possessão e trabalho. Faz contas e mais contas. O cigarro, no canto da boca, já se apagou. Ele não quer ouvir perguntas, só fazer contas. Não quer desviar a atenção do cálculo exato. "Sou um sujeito sério, não me preocupo com ninharias!"

O Pequeno Príncipe, que é muito mais persistente que nós e "nunca na sua vida renunciara a uma pergunta, uma vez que a tivesse feito", insiste. O Homem de Negócios fica irritado. Aquela é a terceira vez que o perturbam em 54 anos, resmunga. Só o que ele conhece é seu trabalho. A primeira perturbação, explica o homem com toda franqueza, foi provocada por um besouro caído, ou seja, um ato da natureza. O contador ouviu um "barulho terrível" e cometeu "quatro erros na soma". A segunda foi causada por uma crise de reumatismo. "Falta de exercício." Ele prefere adoecer a passear ou nadar ou se distrair numa caminhada: "Não tenho tempo para passeio".

O Homem de Negócios conta "milhões dessas coisinhas que se veem às vezes no céu". Nem ao menos sabe o nome delas. Não tem "tempo para divagações". Ele fala das estrelas. O Pequeno Príncipe pergunta, com sua agradável perspicácia, o que ele faz com quinhentos milhões de estrelas. A resposta é imediata: "Nada. Eu as possuo". E então o pequeno viajante faz a pergunta decisiva: "Para que te serve ser rico?" O milionário das estrelas dá uma resposta tautológica, sem sentido: "Para comprar outras estrelas, se alguém achar".

Antes do Homem de Negócios, ninguém pensou em possuí-las; ele foi o primeiro a ter essa ideia. Viciado em trabalho e em negócios como é, concedeu a si mesmo a patente das estrelas. Mas o que alguém pode fazer com elas, que estão a milhares de anos-luz de distância? O Homem de Negócios as administra: "Eu as conto e reconto". A explicação não satisfaz o Pequeno Príncipe.

Um lenço pode ser colocado em torno do pescoço e uma flor pode ser colhida. Com as estrelas, não é possível fazer nada. O homem replica: "Não. Mas eu posso colocá-las no banco. [...] Isso quer dizer que eu escrevo num papelzinho o número das minhas estrelas. Depois tranco o papel a chave, numa gaveta". O principezinho retruca: "Só isso?" "E basta...", diz o negociante.

O Pequeno Príncipe, ainda inconformado, julga a situação de forma realista: "Esse aí [...] raciocina um pouco como o bêbado". A filosofia de vida do Homem de Negócios, segundo o pequeno viajante, não é muito séria.

A brilhante criança tem razão. O Homem de Negócios não é trabalhador, e sim viciado em trabalho. Ele depende da "substância" chamada trabalho, como um viciado em drogas injetáveis depende do tóxico. "Folga" é uma palavra estranha para ele. Ele não conversa, não tem contato, não tem sentimentos. O que esse tipo de dependência reprime?

Não sabemos. Serão desejos de vivacidade e amor? Sabemos, porém, que a terapia com viciados em trabalho é complicada. Esse tipo de vício é socialmente aceito e tem o mais alto reconhecimento. Quem chamaria de viciado alguém profissionalmente bem-sucedido? As circunstâncias da sociedade industrializada provocam essa doença e favorecem tendências ao vício em trabalho. Instituições e companhias necessitam dessa dependência.

No livro *Addictive Organization*, Anne Wilson Schaef e Diane Fassel constatam:

> A sociedade em que vivemos precisa de vícios, e a própria natureza dela os apoia. Promove-os porque a pessoa socialmente mais bem adaptada não é viva nem morta, e sim enfraquecida, comportando-se como um zumbi. Se o indivíduo morre, não pode contribuir com seu trabalho. Se está completamente vivo, dirá "não" a vários proces-

sos sociais, como racismo, poluição, ameaça atômica, corrida armamentista, ingestão de água insalubre e proliferação do câncer como resultado de alimentação inadequada. Por isso, é do interesse da sociedade anunciar coisas que removam a tensão, que nos levem a mergulhar em "fixações" que nos "enfraquecem" de maneira imperceptível, convertendo-nos em zumbis. Consequentemente, a sociedade não só incentiva os vícios, mas age, ela própria, como dependente.

Se sou viciado em trabalho, meus sentimentos ficam congelados. Reprimo o medo, a indignação, a preocupação e a ira. Estou espiritualmente falido. Por meio desse vício, acerto minhas dívidas crônicas com a vida, seja eu gerente, operário ou uma perfeccionista dona de casa. "Se não trabalho loucamente", disse-me um paciente, "fico deprimido."

O tão eficiente Homem de Negócios não deve ser realmente levado a sério, como bem definiu o principezinho, pois lhe falta o sentido da vida. O psicanalista alemão Erich Fromm descreve, em *Ter ou ser?* (1979), os resultados catastróficos da fútil ideologia do dinheiro. Por dinheiro, vendemos até a Mãe Terra:

> Poderíamos ser como verdadeiros deuses, seres poderosos capazes de criar outro mundo. Para isso, a natureza só precisaria nos oferecer os primeiros componentes essenciais da criação. Nossa sede de conquista e nossa ousadia nos deixaram cegos para o fato de que os tesouros naturais são limitados, e nossa ganância fará um dia com que a natureza reaja contra nossos atos destrutivos.

Segundo Fromm, a inclinação para "ter" é característica dos membros da sociedade industrializada, na qual a busca por dinheiro, fama e poder se torna o ponto central. Para o psicanalista, precisamos escolher de que modo conduziremos nossa existência – voltada para o ter ou para o ser.

O que isso significa? O "indivíduo que tem", como o Homem de Negócios, é tomado pelo medo de empobrecer. Não confia no mundo nem no ser humano. Só confia naquilo que possui. Não tem um relacionamento saudável com seus bens. Em vez de manuseá-los, é manipulado pelas coisas materiais. Sua inter-relação com o mundo é nula. Segundo Fromm, "Na existência para o ter, o homem só encontra felicidade em se sentir superior aos outros, na consciência de seu poder e, como última consequência, em sua capacidade de conquistar, tomar e matar". Se adoece, ele não pensa em sua condição, mas reage, isto sim, como o proprietário materialista – se o joelho sofre com reumatismo, ele providencia uma prótese. O batimento cardíaco irregular é ajustado com um marca-passo, e um rim artificial cura qualquer deficiência renal.

Uma vez que passa o tempo todo preocupado em ter, como o proprietário de estrelas da história, tal indivíduo teme mudanças e qualquer indício de folga e distração, mesmo que seja o simples zumbido de um besouro. O que faria bem a ele seria se tornar "alguém que é". O homem que é, diferentemente do homem que tem, como definiu Fromm, "confia que é, sabe que está vivo e que algo novo acontecerá, se tiver a coragem de se libertar e reagir".

Esse indivíduo ama, se alegra com suas potencialidades espirituais e materiais, com suas capacidades produtivas e com a ligação que tem com o mundo. Ele está ligado a muitas pessoas. Certa vez, Saint-Exupéry disse: "Só existe um luxo real: as relações humanas". O homem que é ama a liberdade, o futuro incerto, a surpresa. Não se deixa aterrorizar por preocupações mundanas com dinheiro. Vive a premissa de Nietzsche, em *Assim falava Zaratustra*: "Quem pouco possui menos ainda é possuído".

O homem que é tem a capacidade de estar sempre presente, de experimentar prazer em dar e partilhar, não em acumular e explorar os outros. Saint-Exupéry diz em *Cidadela*: "Quanto mais você dá, mais lhe sobra".

O indivíduo que é adora o amor e reverencia a vida. Como explica Fromm, ele "é capaz de superar o narcisismo e aceitar a trágica limitação da existência humana". Consegue se sentir uno com tudo que vive e abandona a meta de conquistar, vencer e destruir a natureza; em vez disso, tenta entendê-la e cooperar com ela. O homem que é considera o mundo e a si próprio uma dádiva.

O dinheiro é um meio de troca e transporte para a conveniência humana, nada mais. Karl Marx já havia constatado isso. Na verdade, a ganância – doença do "milagre econômico" que já entrou em metástase – causa grande mal à alma. Saint-Exupéry exprime tal pensamento de maneira significativa, apresentando uma perspectiva positiva do trabalho. Em *Terra dos homens*, constata o autor:

> O melhor aspecto de uma profissão consiste, talvez acima de tudo, em colaborar para a união dos seres humanos. Só há uma verdadeira alegria: o contato com as pessoas [...]. Se trabalharmos apenas pelo dinheiro e pelo lucro, construiremos para nós mesmos uma prisão e dormiremos enclausurados. O dinheiro é apenas escória, e nada pode fazer para tornar a vida digna de ser vivida.

Quem canaliza toda sua energia e concentração apenas para a obtenção do lucro se degenera em uma espécie de monstro. O trabalho não se restringe a uma atividade cujo intuito é ganhar dinheiro, mas transcende a isso. Em *Cidadela*, Saint-Exupéry reflete: "Se eu lhe dou de presente uma grande fortuna, como no caso de uma herança inesperada, como isso o ajudaria a enriquecer? [...] Você só pode enriquecer por meio daquilo que muda por si mesmo, pois você é a semente". O poeta e aviador, que gastava sua renda sem se preocupar e a partilhava com muitos amigos, era, em cada fibra de seu corpo e alma, um homem que é: "Se fizesse uma aferição das horas de minha vida realmente importantes, com certeza só encontraria aquelas que nenhum bem material do mundo pode pagar", ele registra em *Terra dos homens.*

> O voo noturno com milhares de estrelas, a graça dessa imensidão reluzente, o calor no coração proporcionado por algumas horas assim, é algo que o dinheiro não pode comprar. O renascimento da vida na Terra após uma forte chuva, árvores, flores, mulheres cujo sorriso colore a vida, que nos agraciam a cada manhã, toda essa sorte de pequenas coisas, que são nosso verdadeiro ordenado, não pode ser trocada por dinheiro.

Para o Pequeno Príncipe, as estrelas ainda são estrelas, e não capital especulativo. Ele nada sabe sobre taxas, quedas e baixas, quebra da bolsa, capital de risco e artigos de consumo. Mas possui algo muito mais importante – a consciência da real utilidade dos bens:

> – Possuo uma flor que rego todos os dias. Possuo três vulcões que revolvo toda semana. Porque revolvo também o que está extinto. A gente nunca sabe. É útil para os meus vulcões, e útil para a minha flor que eu os possua. Mas tu não és útil às estrelas...
> O homem de negócios abriu a boca, mas não achou nada a responder, e o principezinho se foi...

A neurose

É tolo aquele que quebra os dentes mordendo o passado, pois o passado é um bloco de granito. Aproveite o dia, como este lhe é oferecido, em vez de querer recuperar o irrecuperável.

Antoine de Saint-Exupéry

O quinto planeta é o menor de todos. Nele mal cabem um lampião de rua e o Acendedor de Lampiões. Aparentemente, esse homem é uma personalidade menor, reduzida. Logo de cara, a cena não parece normal a nosso visitante: "O principezinho não podia atinar para que pudessem servir, no céu, num planeta sem casa e sem gente, um lampião e o acendedor de lampiões".

Mas a situação fica ainda mais estranha. O Pequeno Príncipe pergunta ao Acendedor de Lampiões por que ele acabou de apagar o lampião. "É o regulamento", responde o Acendedor. "Apagar meu lampião." No instante seguinte, ele o acende novamente. E o Pequeno Príncipe questiona: "Mas por que acabas de o acender de novo?" "É o regulamento", responde o homem. A impressão do principezinho é a mesma que a nossa. Ele não compreende a essência da atividade. "Não é para compreender", comenta o Acendedor. "Regulamento é regulamento."

O homem passa a vida acendendo e apagando a cada minuto o lampião. Então, ele revela seu temível segredo:

> – Eu executo uma tarefa terrível. Antigamente era razoável. Apagava de manhã e acendia à noite. Tinha o resto do dia para descansar e o resto da noite para dormir... [...] O planeta de ano em ano gira mais depressa, e o regulamento não muda! [...] Agora, que ele dá uma volta por minuto, não tenho mais um segundo de repouso. Acendo e apago uma vez por minuto!

Que loucura! O homem precisa de ajuda. O Pequeno Príncipe lhe dá um sábio conselho. Bom argumentador que é, o principezinho diz: "Teu planeta é tão pequeno, que podes, com três passos, dar-lhe a volta. Basta andares lentamente, bem lentamente, de modo a ficares sempre ao sol. Quando quiseres descansar, caminharás... e o dia durará quanto queiras". Mas o neurótico Acendedor replica: "Isso não adianta muito. O que eu mais gosto na vida é de dormir". O Pequeno Príncipe comenta: "Então não há remédio", ao que o Acendedor retruca, concordando: "Não há remédio".

O Acendedor de Lampiões, esse fazedor compulsivo, não é um tipo antipático. Afinal, é um homem dedicado. O Pequeno Príncipe dá um suspiro de pesar e diz a si mesmo: "Era o único que eu podia ter feito meu amigo. Mas seu planeta é mesmo pequeno demais. Não há lugar para dois..."

Como um escravo remador nas antigas galés, o Acendedor de Lampiões está acorrentado ao "regulamento". Ele não tem tempo nem espaço para se relacionar com outra pessoa. O neurótico homem simboliza, me parece, a compulsão em todos nós. Como ele consideraria bonito seu mundo, se soubesse aproveitá-lo – 1.440 pores do sol e 1.440 alvoreceres em um único dia!

Afinal, quem passou esse regulamento ao Acendedor de Lampiões? Quem não o corrigiu quando ele se tornou ultrapassado? O Acendedor não sabe mais. Esqueceu. Mas segue, sem questionar, o absurdo regulamento original. Provavelmente pensa: *Dever é dever, vivo para trabalhar, trabalho é trabalho.*

O homem não se pergunta mais qual o sentido de "ser" e "fazer". Age automaticamente. Não tem capacidade de mudança. Seu eu se realiza no cumprimento obstinado de um regulamento ultrapassado. É a perversão da lealdade e do dever. Como se estivesse hipnotizado, ele segue a antiga meta, que hoje já não tem sentido. Ele não vive, mas é vivido. É vítima de uma neurose, de distorções da percepção e da ação. Sua grande capacidade de envolvimento e fidelidade é canalizada para a execução de algo falso. Na inquietude do trabalho sem sentido, ele perde o sol e a poesia de seu planeta.

E o que é pior – com sua maçante lamentação, o Acendedor de Lampiões deixa sua alma secar; não há lugar para outra pessoa em seu planeta. Ele permanece sozinho no círculo vicioso dessa insana atividade. Aquilo de que mais gosta, reconhece o neurótico, é o sono. Na verdade, refere-se a um estado de torpor. Ele não quer se mexer! Não quer sair do marasmo psicodinâmico da velha vida enferrujada e conhecer o novo. Não deseja abandonar a falsa segurança e, a despeito do medo, enfrentar o desafio de renascer. Não há remédio para sua situação, afirma o Acendedor de Lampiões. Isso porque ele nada faz, não questiona a vida errada e não se levanta.

Esse neurótico compulsivo me faz lembrar de uma historinha. Um homem está sentado em uma cabine de trem. A cada estação em que o trem para, ele coloca a cabeça para fora da janela, lê o nome da estação e geme de maneira terrível. Depois de quatro ou cinco paradas, a pessoa sentada no banco da frente pergunta: "Você está sentindo alguma dor?" O homem responde: "Estou viajando na direção errada". O outro questiona: "Por que não desce então?" E ele diz: "É que aqui está tão quentinho".

Imagino que o Acendedor de Lampiões tenha recebido o serviço e o regulamento do pai ou de algum funcionário. Ideais transmitidos por pais, educadores ou religiosos podem se converter em regulamentos neuróticos.

"Você não pode mentir." Está certo, não pode. Desde que isso não se torne uma norma rígida, absoluta. Obviamente, há situações na vida adulta em que devemos ser diplomáticos, então mentimos de maneira afetuosa.

"Você nunca deve se separar!" Será mesmo? Por acaso, homens e mulheres que resolvem se divorciar após muitas brigas e discussões não têm o direito de dedicar fidelidade a um novo relacionamento?

"Você deve ser leal a seu chefe!" Isso é certo mesmo se ele me explora?

Regulamentos que se tornam soberanos ou antiquados me assustam. Nada me atrapalha mais do que regras ultrapassadas e ideais destrutivos. Deixo-me dominar por opiniões, ideologias, simplificações grosseiras, fanatismo moral, comportamentos, comida e bebida, modo de vida, sexualidade, relacionamentos e trabalho. Agora sofro com isso, pois não encontro meu eu em meio a tantas mensagens estranhas.

Frequentemente nos adaptamos a essa estranheza e reprimimos desejos e anseios. Na análise transacional, os *scripts* distribuídos na infância e na juventude, que determinam a vida posterior e se tornam regulamentos inesquecíveis, são chamados de "mensagens de proibição". É como o homem no trem. Ele sabe que está no trem errado e que nunca chegará ao destino certo. A cada minuto se distancia mais de si mesmo, mas está preso a uma angústia confortável. Descer do falso trem da vida e seguir nova direção exige poder de decisão e esforço, e ele foge disso. Como diz uma velha máxima terapêutica: "O neurótico prefere a infelicidade conhecida à felicidade desconhecida".

As mensagens de proibição da infância paralisam a vida e impedem o crescimento. Todos somos, em menor ou maior escala, neuróticos acendedores de lampiões. Nossas mensagens de proibição giram em torno de noções como: "Você nunca vai conseguir", "Homem não chora", "Seja perfeito", "Coloque-se em seu lugar".

Tais mensagens comprometem nosso desempenho, nos sujeitam a mais ataques neuróticos e costumam terminar em um beco sem saída. Sob a direção do *script* neurótico da vida, esquecemos nossa capacidade de viver por conta própria e escutar nossa voz interior. É especificamente a isso que Nietzsche se refere em *Vontade de potência*: "É preciso destruir a moral para libertar a vida".

Quem quer se desenvolver precisa se desvencilhar das antigas mensagens de proibição. Por trás de nossa percepção de vida, escondem-se medos e antigas autoimagens que nos definem e nos levam a reprimir parte de nosso eu. Se sair da irritante rotina de acender e apagar o lampião, posso recuperar o que havia perdido em mim – talento, liberdade, curiosidade, coragem, sexualidade, gosto pelo desafio. Posso mudar. Os acendedores de lampiões ficam estagnados. É contraditório permanecer espiritualmente estagnado em um corpo cujas células se modificam ininterruptamente. Como um *hamster* na rodinha da gaiola, se sou um neurótico acendedor, perco os 1.440 rubros pores do sol e promissores alvoreceres!

Os dois lados da ciência

Como é possível devolver ao homem um sentido espiritual, uma inquietude da alma, algo que o estimule, semelhante ao canto gregoriano? [...] O ser humano não pode mais viver de política, extratos bancários, palavras cruzadas. Não, não pode mais. Não pode mais viver sem poesia, sem cores, sem amor. Quando ouvimos apenas uma canção do século XV, sentimos falta do repertório todo [...]. Dois bilhões de pessoas só ouvem hoje robôs, só compreendem robôs, e acabam se transformando em robôs.

Antoine de Saint-Exupéry

O sexto planeta é majestoso, dez vezes maior que o mundo do deprimente Acendedor de Lampiões. Seu habitante é um senhor imponente: "Era habitado por um velho que escrevia livros enormes". Ele se apresenta como Geógrafo. "Afinal, uma verdadeira profissão!", diz, aliviado, o Pequeno Príncipe. Entretanto, ele terá agora de lidar com a seriedade de um cientista. E obviamente ele quer saber do Geógrafo se aquele planeta é bonito e se há oceanos por lá.

O Geógrafo, contudo, revela-se ignorante, dizendo isso de maneira rude: "Como hei de saber?" Não sem o orgulho professoral do cientista "puro", ele afirma: "Não é o geógrafo que vai contar as cidades, os rios, as montanhas, os mares, os oceanos, os desertos. O geógrafo é muito importante para estar passeando. Não deixa um instante a escrivaninha".

Nosso cientista só fala a partir de provas e, para usarmos um termo moderno, de causalidade, não importa qual seja seu objeto de estudo. É um acadêmico que não sai do lugar, com a mente compartimentada, estagnado com infrutíferos "conhecimentos especializados". Nietzsche já alertava: "Todo especialista tem sua corcunda". Para esse "pesquisador", a vida e a experiência não são apenas insignificantes, mas também suspeitas.

Saint-Exupéry deixa essa questão bem clara na história. O Geógrafo abre o livro de registros, aponta o lápis e pergunta ao Pequeno Príncipe, de maneira bastante "profissional", a respeito de seu planeta:

> – Oh! onde eu moro – disse o principezinho – não é interessante: é muito pequeno. Eu tenho três vulcões. Dois vulcões em atividade e um vulcão extinto. A gente nunca sabe...
>
> – A gente nunca sabe – repetiu o geógrafo.
>
> – Tenho também uma flor.
>
> – Mas nós não anotamos as flores – disse o geógrafo.
>
> – Por que não? É o mais bonito!
>
> – Porque as flores são efêmeras.

Sob o olhar frio do Geógrafo, o mundo congela, não há o menor sinal de vivacidade. A respiração, os movimentos, o desenvolvimento, a dinâmica interior e a inconsistência do mundo não lhe interessam.

Com o encontro entre criança pura e ciência sem alma, Exupéry critica a orientação do pensamento ocidental desde o Iluminismo. É um pensamento que ignora a "lógica do coração". O "projeto moderno", conforme desenvolvido pelos grandes pensadores desde a época da Renascença, culminou no domínio e na exploração da natureza a serviço da ciência.

Copérnico, Galileu e Newton, os descobridores da moderna visão cósmica do mundo e da mecânica celeste; o médico inglês William Harvey, que pela primeira vez descreveu corretamente o funcionamento da circulação sanguínea; Montesquieu, o teórico da distribuição do poder; Lineu, o criador do sistema de classificação dos seres vivos; banqueiros italianos, com a ideia da movimentação bancária por transferência; engenheiros civis, matemáticos e filósofos – todos puseram em prática o "projeto moderno". Com o Iluminismo, eles se empenharam para compreender o globo terrestre e desvendar seus inúmeros mistérios. Conduziram uma marcha triunfal do saber contra a Idade das Trevas e a escolástica medieval. Fundaram um novo mundo, mais humano. Desejavam eliminar a miséria, a fome e a ignorância. Pretendiam, como muitos pesquisadores da atualidade, vencer as doenças e possivelmente até a morte.

René Descartes, falecido em 1650, marcou de maneira especial a cisão intelectual entre a Idade Média e os novos tempos. Em busca da prova da existência, o filósofo francês criou a expressão *cogito, ergo sum*, "penso, logo existo", o imperativo da modernidade. Sendo o homem um ser pensante, pode se considerar "senhor e mestre da natureza". A condição para isso é analisá-la e utilizá-la friamente, como uma máquina. Descartes dava grande importância a um transparente método científico de pensamento, o raciocínio lógico-matemático. Metodologicamente, ele fundou o espírito da ciência.

Definiu ainda o corpo humano de maneira estritamente racionalista e mecanicista. Ele falava da "máquina de nosso corpo" e descrevia os animais como "autômatos" sem sentimento, que podiam ser amplamente utilizados como mão de obra. Se o corpo humano é uma máquina, então, segundo essa analogia, deve ser compreendido e reparado também como tal. Descartes expulsou a alma do corpo. Ele atribuía todos os processos vitais ao terreno incondicional do princípio da causalidade. Três séculos mais tarde, um importante cientista, o patologista alemão Rudolf Virchow, chegaria ao ponto de dizer que, após dissecar milhares de corpos, nunca havia encontrado uma única alma.

Podemos ver que aquilo que os cientistas "cartesianos" e o dedicado Geógrafo praticam é um lado da revolução do pensamento. Os enormes progressos da ciência, da máquina a vapor à fissão nuclear, da eletricidade à penicilina, baseiam-se na noção fundamental do princípio da causalidade. É a vanguarda da ciência. Com isso, porém, vem o problema de perder o ser humano de vista. De perder a integralidade, a espiritualidade e, acima de tudo, a responsabilidade – Hiroshima e Chernobyl ilustram esse desvario tecnológico.

Claro que Saint-Exupéry não defende o fim da geografia ou da ciência. O poeta apenas nos faz ver a cabeça de Jano. Assim como o deus romano Jano, a ciência tem duas faces, uma voltada ao observador e a outra fora da vista deste. A face visível é sua aparente razão, clareza e praticidade. Na oculta, estão o esquecimento do mundo ecológico e suas potenciais qualidades destrutivas.

Friedrich Nietzsche fez uma análise profunda a respeito dessa ambivalência da ciência. Em *Humano, demasiado humano*, ele surpreendentemente diz: "O melhor na ciência é o ar puro". Em *Acerca da verdade e da mentira*, apresenta crítica semelhante: "A ciência trata os humanos sofredores de maneira fria e impiedosa". Em *Aurora*, faz um relato ainda mais incisivo, o que nos remonta diretamente ao Geógrafo: "Até agora, a ciência tem permanecido estagnada devido às limitações morais de seus seguidores".

O Pequeno Príncipe vai chegando ao fim de sua viagem interplanetária com a visita ao Geógrafo. Não há dúvida – *nós* somos os habitantes desses planetas. Para o gentil principezinho, somos muito, muito estranhos. Em outras palavras, vivem em mim o autoritário, o egocêntrico, o viciado, o frio e calculista negociante, o neurótico compulsivo que cumpre regulamentos e o cientista, e nenhum deles descobre o amor. Preciso compensar essa negligência da alma apelando para minha criança interior e para sua calorosa e animada humanidade.

Ninguém pode afirmar que o ser humano é fatalmente marcado por determinações genéticas, pela educação ou pelo ambiente, sendo condenado ao mal. Isso é equivocado, tanto no âmbito racional quanto no emocional. Immanuel Kant enfatiza: "A autorreflexão é a pedra de toque da verdade em si, ou seja, encontrar a verdade por meio da própria razão. A máxima 'Pensar o tempo todo' é o esclarecimento". E "O tribunal de justiça está no interior do ser humano".

Também do ponto de vista emocional, há um espaço livre para cada indivíduo se expressar. De acordo com certos limites, cada pessoa é responsável por seu caráter e modo de vida. O indivíduo pode modificar seu estilo e suas atitudes, os quais, no sentido freudiano, não são determinados apenas pelos instintos ou pelo passado. As antigas "psicologias subjetivistas", que pretendem construir as pessoas totalmente a partir da herança genética, da constituição, de dons e talentos, já estão ultrapassadas. O psicólogo austríaco Alfred Adler afirma: "Não importa o que o indivíduo traz em si, e sim o uso que faz disso".

Saint-Exupéry provavelmente conhecia os mecanismos que nos tornam autoritários, egocêntricos, neuróticos, viciados, materialistas e limitados. Ele não julga, apenas compreende.

O poeta e aviador francês nos diz em *Terra dos homens*:

> Você, velha alma de funcionário [...]. Ninguém nunca lhe mostrou o caminho da liberdade, e você não pode fazer nada quanto a isso. Você encaixotou sua paz, tapando todos os buraquinhos pelos quais poderia entrar luz e através dos quais você poderia espiá-la. Fechou-se na segurança civil. Cercou seu castelo para se proteger de tempestades, inundações e estrelas. Não quer se preocupar com grandes questões; já tem muito que fazer para se esquecer de sua individualidade. Você não se sente um habitante de uma estrela, que viaja sem rumo pelo espaço; não faz perguntas para as quais não tem respostas [...]. Como ainda havia tempo, ninguém o despertou; agora a cola de que você é feito endureceu, o oculto jogo divino em você jamais despertará; estão mortos o poeta, o músico e o observador de estrelas que talvez já tenham vivido em você um dia.

A descoberta da solidão

Tempo é dinheiro.
Benjamin Franklin

O Pequeno Príncipe perguntou ao Geógrafo que lugar deveria visitar. "'O planeta Terra', respondeu-lhe o geógrafo. 'Goza de grande reputação...'" Vista dali, nossa Mãe Terra, uma bola azul no cosmos, é encantadora. Além disso, "A Terra não é um planeta qualquer! Contam-se lá cento e onze reis (não esquecendo, é claro, os reis negros), sete mil geógrafos, novecentos mil negociantes, sete milhões e meio de beberrões, trezentos e onze milhões de vaidosos – isto é, cerca de dois bilhões de pessoas grandes". Sem nos esquecer de "um verdadeiro exército de quatrocentos e sessenta e dois mil quinhentos e onze acendedores de lampiões".

Os primeiros passos do principezinho no enorme planeta o deixam pensativo. Ele aterrissa em continente africano, no deserto do Saara. O primeiro ser vivo que encontra é a Serpente. E aprende com ela duas importantes lições: "Onde estão os homens?", pergunta o principezinho. "A gente está um pouco só no deserto." A Serpente responde: "Entre os homens também".

Muitas vezes, as pessoas são o pior deserto. O próprio Otto von Bismarck, o Chanceler de Ferro, admitiu em uma conversa em 1881: "Quem já não teve a impressão de que não há lugar onde se sinta mais sozinho do que na cidade repleta de habitantes, onde não se conhece ninguém! Nem nas solitárias florestas a solidão é tão grande".

Paracelso chamava a solidão de "dádiva maldosa". No poema "Pequeno solo", Erich Kästner descreve a solidão como uma amarga provação:

> Solitário, você fica completamente só.
> Do relógio na parede, o tempo goteja.
> Parado na janela. Olhar petrificado.
> Sonha com o amor. Em nada acredita.
> Conhece a vida. É bem informado.
> Solitário, você fica completamente só –
> E a pior solidão é a dois.

A Serpente passa ao Pequeno Príncipe outra importante mensagem, a respeito da finitude e da morte humana. O principezinho subestima a criatura que rasteja na areia: "Tu não és tão poderosa assim... não tens sequer umas patas... não podes sequer viajar..." Então, a Serpente o interrompe: "'Eu posso levar-te mais longe que um navio', disse a serpente. Ela enrolou-se na perninha do príncipe, como um bracelete de ouro: 'Aquele que eu toco, eu o devolvo à terra de onde veio', continuou a serpente. [...] 'Tenho pena de ti, tão fraco, nesta Terra de granito. Posso ajudar-te um dia, se tiveres muita saudade do teu planeta'".

Aqui aparece pela primeira vez a ideia da morte como libertação. Enquanto a cobra, no paraíso mitológico do Antigo Testamento, representa a tentação carnal do Diabo, o poeta a apresenta como um tocante vislumbre de esperança. Com a figura da libertadora Serpente, ele remove da antiga mensagem de ameaça o medo do inferno.

Um dos encontros seguintes do Pequeno Príncipe é com o Guarda-Chaves. Essa passagem também é clara e muito bem narrada, e encerra a essência de uma valiosa filosofia cultural. Vejamos o episódio:

> – Que fazes aqui? – perguntou-lhe o principezinho.
> – Eu divido os passageiros em blocos de mil – disse o guarda-chaves. – Despacho os trens que os carregam, ora para a direita, ora para a esquerda.
> E um rápido iluminado, roncando como um trovão, fez tremer a cabine do guarda-chaves.
> – Eles estão com muita pressa – disse o principezinho. – O que é que estão procurando?
> – Nem o homem da locomotiva sabe – disse o guarda-chaves.
> E trovejou, em sentido inverso, um outro rápido iluminado.
> – Já estão de volta? – perguntou o principezinho...
> – Não são os mesmos – disse o guarda-chaves. – É uma troca.
> – Não estavam contentes onde estavam?
> – Nunca estamos contentes onde estamos – disse o guarda-chaves.
> E um terceiro rápido iluminado trovejou.
> – Estão perseguindo os primeiros viajantes? – perguntou o principezinho.
> – Não perseguem nada – disse o guarda-chaves. – Estão dormindo lá dentro, ou bocejando. Só as crianças esmagam o nariz nas vidraças.
> – Só as crianças sabem o que procuram – disse o principezinho. – Perdem tempo com uma boneca de pano, e a boneca se torna muito importante, e choram quando a gente a toma...
> – Elas são felizes... – disse o guarda-chaves.

Nós, adultos, matamos o tempo. O filosófico Guarda-Chaves reconhece isso. Somente na Alemanha, gastam-se cerca de 150 bilhões de euros por ano com atividades de fim de semana e férias – nós *gastamos* o tempo.

O paradoxo é que ficamos ainda mais estressados com tudo isso. "Tudo está pronto para uma vida confortável, com ação e diversão", afirma o escritor Saul Bellow. "Mas, de repente, algo em nós questiona: E agora? O que vem em seguida? Você está num *resort*, mas e daí? Não há sossego em lugar nenhum. Experienciamos um tipo de sofrimento que não reconhecemos mais como sofrimento, porque tem aparência de diversão."

A medida do tempo é resultado de milhares de anos de verificação do ritmo da natureza, do eterno retorno do mesmo, da repetição. Dia e noite, primavera, verão, outono e inverno. Fluxo e refluxo, aurora e ocaso. Apogeu e perigeu solar, as fases da lua. Os egípcios tinham três estações anuais – inundação, semeadura e colheita. Homero contava o tempo pelos alvoreceres; César, pelo fim das estações; os monges, pelos horários de oração e refeições; os agricultores, por meio da refeição e da ordenha dos animais. O homem se levantava ao cantar do galo e dormia "com as galinhas". A transição dessas formas naturais de medir o tempo em ciclos para uma compreensão abstrata e maquinal desse conceito provocou profunda revolução na história da humanidade.

O ponto de partida da revolução do tempo foi a invenção do relógio de pêndulo, que substituiu os antigos medidores, como o relógio de sol, o relógio de água e a ampulheta. Independentemente das circunstâncias temporais ou de influências materiais, os relógios de precisão dos artesãos da Alta Idade Média marcaram a nova época. Cada vez mais as formas de produção industrial passaram a ser determinadas pelo tempo mecânico e não pelo ritmo natural e humano. Com as medições mecânicas, o tempo foi desnaturalizado. A princípio, foi reduzido a um posto na torre do relógio, depois ao relógio de ponto das fábricas, e hoje aos *displays* digitais dos relógios de pulso. Eles calculam, agendam e oferecem índices econômicos. Como definiu Benjamin Franklin: "Tempo é dinheiro". O tempo perdeu sua inocência.

Desperdiçar tempo se tornou pecado. Demorou muitos séculos até a Igreja, o Estado, o comércio, a indústria e as autoridades conseguirem tirar do ser humano o luxo do tempo da Idade Média. Os feriados do calendário cristão são um problema para os "ladrões de tempo da modernidade". Como alerta Benjamin Franklin em *Conselhos a um jovem comerciante* (1748), a disciplina do tempo é um dever: "Desde que nosso tempo se converteu em unidade de medida e os dias são cunhados em barras de ouro, os trabalhadores de todas as profissões sabem utilizar cada minuto para sua vantagem. Aquele, porém, que não se preocupa com o tempo está desperdiçando dinheiro".

Esse é outro resultado do "projeto moderno" cartesiano. Assim se criaram os fundamentos do pensamento acelerado que nos levou a explorar o mundo e seus recursos. Também aqui vemos a cabeça de Jano do progresso – o problemático lucro do tempo. Lucro que, na verdade, é perda.

De carruagem, nossos antepassados iam de uma cidade a outra em duas semanas. Atualmente, de carro, fazemos o mesmo percurso em um único dia. Para atingir esse nível de progresso, porém, precisamos de um mundo preparado, artificial, maltratado. Temos que esgotar os combustíveis fósseis. Poluímos o ar e aniquilamos florestas com a emissão de gases de automóveis e indústrias.

Quando somos regidos por essa frenética aceleração e temos a impressão de que não conseguimos mais respirar, um sentimento de pânico nos envolve – o medo de perder algo. A inquietação nos persegue. Desesperados, nos empenhamos em agarrar o tempo.

O "rápido iluminado", que tanto impressionou o Pequeno Príncipe, não serve mais – percorremos mil quilômetros por hora de um continente a outro. A atual conjuntura econômica gerou a necessidade de seminários sobre administração do tempo. O tempo escasso é símbolo de *status* no ambiente empresarial – quanto menos tempo tenho, melhor é minha imagem.

Para Saint-Exupéry, as crianças é que estão certas em "perder" tempo com uma "boneca de pano". As crianças podem pirar sob a pressão do tempo. No magnífico romance *Momo e o senhor do tempo*, de Michael Ende, encontramos o conceito de economia do tempo:

> Ninguém parecia perceber que, enquanto ele economizava tempo, na verdade economizava algo muito diferente. Ninguém queria enxergar que a vida se tornava cada vez mais pobre, fria e insossa. Quem sentia isso mais claramente, porém, eram as crianças, porque ninguém mais tinha tempo para elas também. Só que tempo é vida. A vida mora no coração. Quanto mais as pessoas economizavam, menos tinham.

O Pequeno Príncipe tem todo tempo na Terra. Em *Momo e o senhor do tempo*, os "ladrões do tempo" vociferam, impotentes, contra a resistência infantil: "As crianças são nosso inimigo natural. Se não fosse por elas, a humanidade já estaria há muito tempo sob nosso poder. É muito mais difícil forçar crianças do que adultos a economizar tempo".

A verdade do principezinho se aplica a todos nós. O drama do tempo não é apenas um rebuscado arabesco de nossa moderna insanidade. Ele de fato nos ameaça psicológica e ecologicamente. Temos que aceitar nossa ligação com o mundo vegetal e animal e redescobrir nossa união com o ritmo da vida. Será que precisamos esquiar no verão? Temos realmente que trabalhar à noite? O trabalho sob luz artificial é necessário? Não podemos viver sem climatização? Não podemos tomar café da manhã com a TV desligada? Será que não conseguimos viver com o comércio fechado aos domingos e feriados?

Tudo isso tem a ver com a "descoberta da solidão". Se tenho mais tempo para mim, diz Saint-Exupéry, reencontro o paraíso de minha infância. Ao mesmo tempo, livro-me da ilusão ridícula de que a vida não pode continuar sem mim. Fazer uma pausa significa, em nível mais profundo, ter tempo para me preparar para a morte, uma vez que nada mais me reste. Essa é a última dimensão da verdadeira passagem do tempo.

Para o Pequeno Príncipe, o tempo ainda lhe permite fazer amigos e amar. Nós, adultos, sabemos com que frequência nos tornamos vítimas da falsa percepção do tempo. O teólogo e pastor luterano Dietrich Bonhoeffer, assassinado pelos nazistas em 1945, assim definiu a situação:

> O tempo é valioso
> porque é um bem irrecuperável
> com o qual nos regozijamos,
> e cada visão em retrospectiva
> nos faz pensar no tempo perdido.
> Perdido, porém, seria o tempo
> que não vivemos como pessoas,
> em que não aprendemos, não criamos, não saboreamos
> as experiências vividas.

A canção da amizade

> O homem sempre pode dizer quantas ovelhas possui, mas não é capaz de dizer quantos amigos tem, pois o valor que dá a eles é limitado.
> *Sócrates*

O maior milagre que o Pequeno Príncipe e o Piloto vivenciam é o do amor e da amizade. Desde então, muitas gerações carregam em si esses aspectos fundamentais da obra de Saint-Exupéry. Inúmeras pessoas no mundo todo conhecem de cor tais passagens.

Seguindo o caminho do Pequeno Príncipe, comecemos pela amizade. Parece que os homens, como o Piloto e seu eu infantil, têm mais dificuldade de lidar com a amizade do que as mulheres. "Um amigo, um bom amigo/ é a melhor coisa que existe no mundo", diz a letra de uma canção da década de 1930. "Um amigo é sempre amigo,/ e quando o mundo todo desmorona/ porque seu amor não o ama mais,/ um amigo, um bom amigo, esse é o maior tesouro que existe."

Uma pesquisa realizada na Alemanha alguns anos atrás mostrou que, de cada dez homens com mais de 40 anos, apenas um se refere a um melhor amigo, enquanto nove entre dez mulheres têm uma melhor amiga. Em sessões de terapia em grupo para homens, quando proponho o tema "amizade masculina", geralmente a conversa gira em torno de "colegas". Essa é uma referência clara a companheiros de esporte, de trabalho e sócios. Homens gostam de conversar sobre trabalho, esporte, carros e política – os temas favoritos, por ser neutros. Negam-se a confidenciar problemas emocionais. Agem como se isso não existisse. Eles não confiam e temem uns aos outros, mas, ao mesmo tempo, precisam uns dos outros. Porém, preferem não estabelecer um vínculo real de amizade com indivíduos do mesmo sexo, protegendo assim sua fachada. No fundo, sabem que é possível ter uma amizade real, sensível e sincera com outro homem, mas mesmo assim recusam a ideia. A amabilidade entre eles geralmente é vista como "homossexualismo". É mais fácil para as mulheres amar emocionalmente outras mulheres. Podem até se tocar. Elas não entram em pânico se, nesse contato, notarem um leve desejo sexual. Uma mulher pode dizer a respeito de outra algo como: "Que mulher bonita!" E o faz sinceramente, sem malícia. Já a frase "Que homem bonito!" raramente é ouvida de um homem. É considerada repugnante e suspeita.

Tenho constatado em seminários que ministro para homens que eles têm a alma empobrecida quando não possuem amigos. O médico Stuart Miller, diretor de um famoso instituto de psicoterapia na Califórnia, afirma no livro *Men and Friendship*:

> Ao longo dos anos, os homens simplesmente ignoram a solidão. No entanto, sabem que o vínculo com outros homens está enfraquecido, que seus amigos cada vez mais os desapontam, e não podem sim-

plesmente ignorar o próprio sentimento de culpa por ter decepcionado os amigos. Tornam-se, em parte, resignados. Com o tempo, diminuímos nossas expectativas. Quanto mais velhos ficamos, mais nos damos conta de que quase não temos amigos do mesmo sexo. Obviamente, os homens se lembram do tempo em que os amigos eram presentes, da época em que viviam como mosqueteiros, na fantasia de que todos empunhariam sua espada juntos. Isso talvez tenha durado até a faculdade, quando as amizades intensas foram diminuindo. E, com um sorriso nostálgico no rosto, nos recordamos daquele tempo.

O Pequeno Príncipe encontra a Raposa. Trata-se de uma raposa do deserto, conforme descreve Saint-Exupéry. Ele fica encantado. Também entre os homens, ainda que bem escondido, existe certo encantamento à primeira vista – "'Quem és tu?', perguntou o principezinho. 'Tu és bem bonita...' 'Sou uma raposa', disse a raposa". O amigo é outro ser, estranho e excitante ao mesmo tempo. Nesse estranhamento da amizade, experimentamos aquilo que não vivemos pessoalmente e que talvez jamais nos atrevêssemos a viver – ingenuidade, frescor, percepção musical, espírito esportivo, ternura, vigor etc. Com um amigo, sentimos o tempo passar de maneira criativa e damos adeus à solidão e à tristeza: "'Vem brincar comigo', propôs o principezinho. 'Estou tão triste...'"

Então, a Raposa diz algo surpreendente: "'Eu não posso brincar contigo', disse a raposa. 'Não me cativaram ainda'". Você não pode simplesmente fazer de alguém seu amigo e dar início a um relacionamento ativo com ele. Na amizade, parece ser necessário, em primeiro lugar, nos deixarmos "cativar". Mas o Pequeno Príncipe quer saber exatamente o que isso significa: "Que quer dizer 'cativar'?" E a esperta Raposa revela a ele o mistério da amizade:

– É uma coisa muito esquecida – disse a raposa. – Significa "criar laços"... [...] Tu não és ainda para mim senão um garoto inteiramente igual a cem mil outros garotos. E eu não tenho necessidade de ti. E tu não tens também necessidade de mim. Não passo a teus olhos de uma raposa igual a cem mil outras raposas. Mas, se tu me cativas, nós teremos necessidade um do outro. Serás para mim único no mundo. E eu serei para ti única no mundo...

O filósofo francês Blaise Pascal disse certa vez: "Uma gota de amor é mais que um oceano de intelecto". Assim é a amizade. É a poesia do cotidiano. Ela nos une ao mundo. O objeto e o sentido da vida humana consistem no desenvolvimento de leis naturais específicas que nos são imanentes, cuja estrutura se fundamenta na amizade e na solidariedade.

"Se eu estiver em meu juízo perfeito, a nada darei mais valor que a um verdadeiro amigo", afirmou o poeta romano Horácio, falecido no ano 8 a.C. O filósofo francês Michel de Montaigne expressou nos seguintes termos o relacionamento com seu amigo, então já falecido, Étienne de La Boétie: "Quando alguém insiste em saber por que eu o amava, sinto-me incapaz de me expressar. Mas respondo: Porque ele era eu, e eu era ele". Voltaire afirmou: "Um bom amigo é mais valioso que todo o espaço do mundo". Frederico II, rei da Prússia, nunca superou o trauma de ter visto o amigo Hans Hermann von Katte, então com 26 anos, ser decapitado diante de seus olhos, em 1730, por ordem de seu pai, o rei. Mesmo já idoso, Frederico lamentava: "Um verdadeiro amigo é, para mim, uma dádiva dos céus".

A amizade é um tempo bem preenchido e uma espécie de história de amor, pensa a Raposa:

– E por isso eu me aborreço um pouco. Mas se me cativares, minha vida será como que cheia de sol. Conhecerei um barulho de passos que será diferente dos outros. Os outros passos me fazem entrar debaixo da terra. O teu me chamará para fora da toca, como se fosse música. E depois, olha! Vês, lá longe, os campos de trigo? Eu não como pão. O trigo para mim é inútil. Os campos de trigo não me lembram coisa alguma. E isso é triste! Mas tu tens cabelos cor de ouro. Então será maravilhoso quando me tiveres cativado. O trigo, que é dourado, fará lembrar-me de ti. E eu amarei o barulho do vento no trigo...

O Pequeno Príncipe, porém, acha que ainda não é o momento. Quando a Raposa pede que a cative, ele replica: "Bem quisera [...], mas eu não tenho muito tempo. Tenho amigos a descobrir e muitas coisas a conhecer". A Raposa, então, faz um comentário significativo, que todos deveríamos anotar e colocar sobre a mesa de cabeceira: "A gente só conhece bem as coisas que cativou [...]. Os homens não têm mais tempo de conhecer coisa alguma. Compram tudo prontinho nas lojas. Mas como não existem lojas de amigos, os homens não têm mais amigos. Se tu queres um amigo, cativa-me!"

O Pequeno Príncipe, contudo, ainda não entendeu muito bem a questão da amizade. Ele tem tanta dificuldade para escutar quanto nós. Quer saber o que se deve fazer de concreto para cativar alguém. A Raposa diz: "É preciso ser paciente [...]. Tu te sentarás primeiro um pouco longe de mim, assim, na relva. Eu te olharei com o canto do olho e tu não dirás nada. A linguagem é uma fonte de mal-entendidos. Mas, a cada dia, te sentarás mais perto..."

Em um longo processo de desenvolvimento da confiança, nos aproximamos um do outro, pouco a pouco, silenciosamente. Às vezes falamos demais e sufocamos a amizade com palavras. Queremos torná-la tangível e desejamos que a conversa nos envolva. Às vezes, a linguagem, a conversa vazia, é fonte de mal-entendidos, porque falamos mais do que deveríamos, e não conseguimos mais expressar com o corpo e com o olhar aquilo que é indizível.

Chegamos aqui à questão da prática silenciosa da amizade. O filósofo austríaco Ludwig Wittgenstein conclui sua obra fundamental, *Tractatus logico-philosophicus*, com a famosa premissa: "Daquilo que não podemos falar, devemos então silenciar".

O Pequeno Príncipe é tão propenso ao aprendizado quanto qualquer criança. A Raposa, então, *confia* nele. Quando a hora de partir se aproxima, ela confessa, pesarosa: "Eu vou chorar". Será que então a amizade entre eles foi um esforço em vão? Parece que sim. Diz o Pequeno Príncipe: "Então, não sais lucrando nada!" Ao que a Raposa replica: "Eu lucro [...], por causa da cor do trigo". Isso equivale a dizer: Quem ama, lucra, mas também se magoa. Nietzsche expressa em *A inocência do devir:* "O amor é a maior de todas as amarguras. Mas é, ao mesmo tempo, também a maior das alegrias".

Na amizade com a Raposa, o Pequeno Príncipe se vê refletido até mesmo no encantamento de seus cabelos cor de ouro. A amizade nos ajuda a amar a nós mesmos e a nos tornar nossos próprios amigos. Se quisermos ser capazes de fazer amizade, antes temos que ser amigos de nós mesmos. Encontrei em um texto, cuja autoria é desconhecida, esta significativa e profunda mensagem, de grande apelo psicológico. O título é "Você precisa de alguém".

Você precisa de alguém
que o respeite,
aceite e ame.

Pode encontrar esse alguém
e vir a conhecê-lo.
Alguém que o apoie,

valorize, encoraje
e confie em você.
Alguém
que o trate com amor.

Você precisa de alguém
que lhe mostre o caminho,
que o conduza
a uma vida simples, fácil
e feliz.

Esse alguém existe
e está bem perto.
Esse alguém
é você.

Saint-Exupéry era especialista em amizade. Seu amigo Henry de Ségone o definia como um homem extraordinariamente sensível: "Ele tinha enorme necessidade de amizade, calor humano, confiança e afeto, sem os quais sua personalidade não poderia se desenvolver".

A amizade necessita de tempo e de atividade conjunta. É uma obra de arte do relacionamento. Exige abertura, intimidade, dedicação, percepção de conflitos e contradições, proximidade, distância, reconhecimento das diferenças e, acima de tudo, aceitação incondicional.

Em *Máximas e reflexões*, Goethe descreve a essência da amizade masculina:

> Só posso criar uma amizade de maneira prática. A predisposição e o amor em nada a ajudam. A amizade verdadeira, palpável, produtiva,

consiste em nós dois darmos passos iguais na vida, que ele aprove meus objetivos e eu os dele, e que caminhemos juntos, sempre em frente e sem nos abalarmos, ainda que nosso modo de pensar e viver seja diferente.

Saint-Exupéry escreveu um texto em homenagem à *amicitia* (amizade), chamado "Confissão de uma amizade". O escrito é dedicado ao amigo Léon Werth, que, como vimos, estava ameaçado pelo nazismo, e inclui a ideia da amizade e do destino partilhado por toda uma nação:

> Sinto que você, que é tão francês, corre duplamente risco de morte: primeiro por ser francês, e depois por ser judeu. Percebo todo o valor de uma comunidade que não tolera mais conflitos [...]. Para nós, franceses que estão fora, é disso que se trata a guerra: libertar as sementes do futuro dessa situação paralisante, que é despertada em meio à invasão alemã. Temos que ajudar vocês, franceses que estão aí. Temos que libertá-los novamente para a terra onde fincarão as raízes de seus direitos. Vocês são quarenta milhões de reféns. É sempre nos porões da repressão que se fomentam as novas ideias – quarenta milhões de libertos formulam, aí dentro, suas novas verdades.

Saint-Exupéry afirma, no referido texto, a necessidade da amizade de Léon. O conceito que tinha de amizade é bastante conhecido:

> Estou farto de todas as disputas e ideologias! De você posso me aproximar sem uniforme e sem ter que recitar o Alcorão; não preciso pôr um preço em cada pedaço de minha morada interior. Quando estou com você, não preciso me desculpar, nem me defender, nem provar

coisa alguma [...]. Ainda que sejamos diferentes, nada faço que possa diminuí-lo; ao contrário, o valorizo ainda mais.

Exupéry vê o amigo "tão frágil, tão ameaçado". O poeta é grato por ter encontrado em Léon a essência pura da amizade: "Agradeço-lhe por me aceitar como sou. Para que eu desejaria um amigo que me julga? Se convido uma pessoa que manca para jantar, não vou pedir que ela dance para mim".

O amor dá trabalho

> Os indivíduos que querem viver juntos são ou se tornam cada vez mais legisladores de seu modo de vida, juízes de seus erros, sacerdotes que apontam suas culpas, terapeutas que se libertam das tormentas do passado. Mas também vingadores, que retaliam as injúrias sofridas. O amor se torna uma frase vazia, à qual os próprios amantes têm que dar sentido.
>
> *Ulrich Beck e Elisabeth Beck-Gernsheim*

Se com a amizade a história já é complicada, o que dizer em relação ao amor? O próprio Saint-Exupéry e a esposa, Consuelo, não conseguiram recompor o casamento infeliz nem acabar de vez com ele.

O Pequeno Príncipe deixou sua "mulher-rosa" porque se cansara de suas censuras. Os dois estavam inseguros e tristes por causa da incapacidade de manter o relacionamento. A Rosa "não queria que ele a visse chorar. Era uma flor muito orgulhosa".

Sem dúvida, esse é um sentimento que pode arruinar o relacionamento, é um "sinal de separação". Como terapeuta, frequentemente observo casais que mergulham em uma relação de amor e ódio.

O Pequeno Príncipe passa por fases cruciais do drama do amor. No contato com o Geógrafo, aquele monstro da especialização, faz uma dolorosa descoberta. Percebe que também sua rosa está "ameaçada de próxima desaparição". Sente um aperto no peito: "'Minha flor é efêmera', disse o principezinho, 'e não tem mais que quatro espinhos para defender-se do mundo! E eu a deixei sozinha!'"

No amor, descobrimos a efemeridade da vida em dois sentidos. Primeiro, todo amor é, por natureza, limitado por começo e fim. Na melhor das hipóteses, é a morte que marca o encerramento, quando, até então, dois seres se mantiveram unidos "na alegria e na tristeza". Isso, em si, já faz do amor uma decisão tocante. Trata-se de uma minúscula ilha temporal no oceano do nada e na eternidade de tudo que é terreno. Como desejamos todos nós, amantes, nos reencontrar após a morte, em alguma outra forma de vida! E, no entanto, a despeito de todos os ensinamentos especulativos sobre a "ressurreição da carne" cristã e da noção budista de reencarnação, não temos certeza de nada.

Mas todo amor – e quem não sabe disso? – é também ameaçado pela vida, seja por imaturidade e fraqueza, devido a uma união que se inicia de forma ruim, ou pelo complicado processo de desenvolvimento da relação. Diz uma máxima da tradição banta: "Casar é como guardar uma cobra na bolsa". Amar é arriscado. O amor precisa ser aprendido, do contrário nos perturba. Como dizia Bertolt Brecht, o amor é "uma produção". Amor é trabalho.

O Pequeno Príncipe perde a Rosa. Como ele a amava, se sente sozinho. E experimenta, como todos os amantes, a fase da desilusão. O que isso significa?

Significa que no começo do amor, na lua de mel de nossos sonhos, projetamos tudo que é excitante, nobre, belo e profundo sobre a pessoa amada. Somos nós mesmos que a endeusamos. Encenamos um grande equívoco, uma montagem teatral psicológica. Nessa encenação, interpretamos a nobre donzela ou o destemido cavaleiro. No encantamento inicial do amor, ambas as partes se impregnam de elevado narcisismo, de uma autovalorização que leva ao distanciamento do mundo real. Estilizamos o amor de modo a sonhar com o parceiro ou a parceira ideal.

Isso é bom. Estimula em nós as magníficas aventuras do amor juvenil. Permite-nos tirar do caminho todos os obstáculos e, com isso, construir um ninho para o amor. Porém, no fim dessa celebração regada a champanhe, vem a desilusão. Às vezes, ela assume a forma de um animal asqueroso. De repente, descobrimos uma série de aspectos negativos na outra pessoa. É nesse tortuoso processo da desilusão que se deve firmar a realidade do amor, sua força e resistência à crise.

Não devemos nos esquecer de que o casamento é constantemente abalado por crises. Na Alemanha, um em cada três casais se separa; e, em grandes metrópoles, um em cada dois. Cerca de dois terços dos pedidos de divórcio são feitos pela mulher, que se cansa do fardo, muitas vezes mais pesado, que carrega no casamento. Geralmente, nessa fase de desilusão, o casal tenta decidir se ainda vale a pena tentar manter a relação. Porque, hoje em dia, o casamento não precisa se estendido ao máximo nem ser mantido por causa de pressões financeiras. Essas pressões, que eram a base do casamento civil e estavam relacionadas às honras burguesas do passado, causavam sofrimentos intermináveis.

Hoje, como já observamos aqui, a vida está em permanente construção. Tudo se movimenta. O homem e a mulher – e, claro, também os casais do mesmo sexo – devem repartir e participar juntos de tudo. Em caso de dúvida, decide-se a favor da felicidade, não da união. Nosso modo de viver não é mais determinado por tradições, crenças religiosas, origem, convenções e pressão social, mas é flexível e fragmentado.

No lugar da moral tradicional, encontra-se a "moral de consenso", o acordo com o parceiro em torno de estilo de vida, sexualidade, planejamento familiar, profissão etc. O casal de sociólogos Ulrich Beck e Elisabeth Beck-Gernsheim constata, na obra *The Normal Chaos of Love*: "Hoje em dia, homens e mulheres que se casam dependem, mais do que nunca, de um acordo e de confiança mútua para não deixar que as agruras da competitividade no mercado do trabalho, das crises familiares, das 'novas' exigências da maternidade e da paternidade influenciem o casamento de modo indesejado".

Atualmente, no fim de um longo processo de individualização da personalidade que se estende há séculos, pensamos no amor como ponto fundamental da relação. Apoiamos nossa parceria duradoura – e essa é a fonte tanto da felicidade quanto da tristeza – em um sentimento bastante passageiro. Porque o amor não se deixa dominar sob nenhuma circunstância.

A desilusão e, com ela, o processo de amadurecimento do amor implicam necessariamente a existência de outro teste, que tem relação com a oposição união/liberdade. Mas voltemos ao Pequeno Príncipe. Após longa caminhada sobre areia, rochas e neve, ele encontra uma estrada que, como todos os caminhos, conduz na direção dos homens:

> – Bom dia – disse ele.
>
> Era um jardim cheio de rosas.
>
> – Bom dia – disseram as rosas.
>
> O principezinho contemplou-as. Eram todas iguais à sua flor.

> – Quem sois? – perguntou ele estupefato.
>
> – Somos rosas – disseram as rosas.
>
> – Ah! – exclamou o principezinho...
>
> E ele sentiu-se extremamente infeliz. Sua flor lhe havia contado que ela era a única de sua espécie em todo o universo. E eis que havia cinco mil, iguaizinhas, num só jardim!

Cedo ou tarde, descobrimos até essa verdade. Meu companheiro, amado acima de tudo, é um homem normal, querido, inteligente, mas há outros como ele, talvez até mais atraentes. Minha amada parceira é bonita, prestativa, mas há outras mulheres, talvez mais bonitas. De fato, costumamos dizer, com amargura, que o parceiro é como uma rosa entre rosas – é um homem ou uma mulher comum. Geralmente, essa constatação implica desejo por outro parceiro, por uma vida nova, por uma nova função no relacionamento. Havíamos escolhido a união, e agora queremos a liberdade. Se, no entanto, pendermos para a liberdade, como ficará a união, a parceria segura, e como ficarão os filhos, a casa, os amigos?

Como podemos amar uma pessoa, se sabemos que ela é substituível? O que pensar do amor, se podemos amar um número infinito de homens e mulheres? Quando somos jovens, não sabemos disso. Na primeira crise, nos sentimos como o Pequeno Príncipe: "'Eu me julgava rico de uma flor sem igual, e é apenas uma rosa comum que eu possuo. Uma rosa e três vulcões que me dão pelo joelho, um dos quais extinto para sempre. Isso não faz de mim um príncipe muito grande...' E, deitado na relva, ele chorou".

A crise existencial do Pequeno Príncipe nos permite refletir sobre nossos relacionamentos. Os casais que se encontram nesse ponto crítico da relação fariam bem em repensar os mistérios da escolha do parceiro. A pergunta a fazer é: "Por que me casei com essa pessoa?" No caso da Rosa e do príncipe, é evidente que ambos têm uma alma infantil e se uniram em uma espécie de associação de carências mútuas. A atitude da Rosa parece a de um carrapato ou de uma trepadeira; já no Pequeno Príncipe vemos uma atitude de proteção. Ele faz da relação um centro de terapia intensiva. Com seus cuidados excessivos, faz da Rosa e de si mesmo seres interdependentes.

A dramaturgia dos motivos secretos da escolha do parceiro é extrema e inesgotável. Cada pessoa traz em si dons especiais, e também o peso da determinação de sua origem. Pensa que tem livre-arbítrio para escolher o parceiro, mas, até certo ponto, essa escolha é inconsciente. "O intelecto", diz Nietzsche, "é subalterno da vontade."

Nós nos casamos – ou iniciamos um relacionamento – porque nossa alma está paralisada no lar de nossos pais e busca o calor de um novo ninho. Casamos porque queremos um companheiro ou uma companheira, para fortalecer nosso eu enfraquecido, para assumir responsabilidades, para ter alguém que cuide de nós, porque queremos ter filhos, porque queremos dar um passo adiante socialmente, para dar vazão à sexualidade, ou porque só assim conseguiremos financiar um imóvel, ou ainda porque isso vai melhorar nossa imagem profissional.

Também nos casamos e amamos porque o parceiro complementa nossa personalidade. Ele ou ela é corajoso enquanto sou medroso, tem nível superior de escolaridade enquanto eu estudei pouco, é criativo enquanto eu não tenho imaginação alguma. Tudo isso deve ser levado em conta, para que o casal evolua junto e consiga superar as crises.

De maneira um tanto sarcástica, Nietzsche afirma o seguinte: "No amor, não deveria ser permitido estipular uma condição para a vida do outro nem impor restrições de caráter. As pessoas deveriam declarar publicamente como inválidas as juras de amor e evitar o casamento, justamente porque o casamento deve ser levado mais a sério".

Há, sem dúvida, uma série de critérios consistentes para diagnosticar o fim da relação – base insuficiente para manter o relacionamento, indisponibilidade para o outro, falta de lealdade, dúvidas e incertezas, falta de respeito e de atenção, decisões unilaterais, segredos, sérias diferenças em relação ao plano de vida, incompatibilidade, falta de humor, distanciamento físico e dificuldades financeiras.

Quando, por outro lado, há entre o casal um crescimento conjunto, com sentimento, confiança, estrutura, tenacidade, envolvimento mútuo, generosidade, senso de humor e alegria de viver, mesmo crises sérias, como relacionamentos extraconjugais, problemas e preocupações com o trabalho e os filhos, podem ser superadas. É isso que a Raposa, no clímax de *O Pequeno Príncipe*, revela:

> – Eis o meu segredo. É muito simples: só se vê bem com o coração. O essencial é invisível para os olhos.
>
> – O essencial é invisível para os olhos – repetiu o principezinho, a fim de se lembrar.
>
> – Foi o tempo que perdeste com tua rosa que fez tua rosa tão importante.

É o tempo que nos une ao outro – mas não o contínuo passar dos anos, e sim o tempo bem preenchido, que, como diz Dietrich Bonhoeffer, "vivemos como pessoas, em que [...] aprendemos, criamos, saboreamos as experiências vividas". A qualidade invisível, porém singular, do amor só é vislumbrada, enfim, com o coração. O difícil trabalho do amor é a luta pela união. A vitória da agressividade construtiva e da honestidade. O estabelecimento de acordos claros, até mesmo na rotina dos afazeres domésticos. A prática de "debates familiares" com os filhos. O contato criativo com idosos solitários. A liberdade dos filhos. O que se deve alcançar é a evolução e a síntese do casal, sempre em novos níveis. Por isso também a terapia de casal é tão importante e traz resultados tão positivos. A decisão conjunta de procurar um terapeuta já é, por assim dizer, meio caminho andado. Significa suspender brigas, silêncios, esquecer a supressão sexual, ofensas e cobranças, e juntos reativar o potencial adormecido da vida a dois. Aprendemos, sobretudo, a conversar novamente. A falta de diálogo é o fim da relação, pois a conversa é a matéria-prima do amor – deve ser, portanto, aprofundada, do contrário torna-se apenas fonte de mal-entendidos.

O Pequeno Príncipe pode jogar fora a redoma que usava para proteger a Rosa, e ela pode encolher seus espinhos. Como terapeuta, estou acostumado a ver o processo de retomada da confiança e o retorno da experiência amorosa com alegria. Nas sessões, peço aos parceiros que se sentem um de frente para o outro, em cadeiras bem próximas, e tentem responder a esta pergunta: "O que eu amo em você?"

Depois do esforço e da luta de ambos, me sinto indescritivelmente comovido quando marido e mulher superam as diferenças e, entre lágrimas, se abraçam ternamente. Certa vez, um senhor obeso de cabelos grisalhos, cansado, disse à mulher, durante tal demonstração de afeto: "Por que fazia tanto tempo que nós não declarávamos amor um ao outro, como agora?" Os dois ficaram de mãos dadas como jovens namorados.

"Vai rever as rosas", aconselha a Raposa ao Pequeno Príncipe. "Tu compreenderás que a tua é a única no mundo." Agora, o Pequeno Príncipe entende por que ama a rosa, porque ela é a rosa *dele.* Agora, pode chegar às rosas e dizer o que cada um de nós poderia dizer: "'Vós não sois absolutamente iguais à minha rosa, vós não sois nada ainda. Ninguém ainda vos cativou, nem cativastes a ninguém. Sois como era a minha raposa. Era uma raposa igual a cem mil outras. Meu eu fiz dela um amigo. Ela é agora única no mundo.' E as rosas estavam desapontadas".

Mesmo as coisas tolas que amamos são uma expressão do nosso amor, e assinalam sua qualidade altamente subjetiva:

> – Sois belas, mas vazias – disse ele ainda. – Não se pode morrer por vós. Minha rosa, sem dúvida um transeunte qualquer pensaria que se parece convosco. Ela é, sozinha, porém, mais importante que vós todas, pois foi a ela que eu reguei. Foi a ela que pus sob a redoma. Foi a ela que abriguei com o para-vento. Foi dela que eu matei as larvas (exceto duas ou três por causa das borboletas). Foi a ela que eu escutei queixar-se ou gabar-se, ou mesmo calar-se algumas vezes. É a minha rosa.

O amor é trabalhoso. Sem renovação, ele desmorona, como uma casa há muito desabitada.

A morte

Já que a morte é certa, por que o homem
não pode se alegrar com ela?
Friedrich Nietzsche

Mais uma vez, com o Pequeno Príncipe, nos confrontamos com os "ladrões de tempo" da falsa vida. O vendedor lhe oferece pílulas aperfeiçoadas que aplacam a sede: "Toma-se uma por semana e não é mais preciso beber". Segundo os "peritos", explica ele, ganhamos com isso 53 minutos por semana. Mais uma vez, vemos a substituição do real pelo vício. Tomamos remédio para dormir, para melhorar o desempenho, para nos animar. Apegamo-nos ao falso, em vez de contar com o sono verdadeiro, a capacidade de trabalhar e a alegria de viver.

"'Eu', pensou o principezinho, 'se tivesse cinquenta e três minutos para gastar, iria caminhando passo a passo, mãos no bolso, na direção de uma fonte...'" Para o Piloto, uma fonte seria nesse momento a melhor das dádivas, tamanha é sua sede. O Piloto e o Pequeno Príncipe seguem seu caminho. "A água", diz o príncipe, "pode ser boa para o coração."

Que curioso! Certamente, ele não está falando de água potável. Parece-me, isto sim, que se trata da água da vida. Quando os dois andarilhos do deserto encontram a fonte, o poeta dá água à criança divina e se alegra: "Levantei-lhe o balde até a boca. Ele bebeu, de olhos fechados. Era doce como uma festa. Essa água era muito mais que um alimento. Nascera da caminhada sob as estrelas, do canto da roldana, do esforço do meu braço. Era boa para o coração, como um presente".

Vemos em *Terra dos homens* o seguinte trecho, quando Saint-Exupéry descreve o momento em que é resgatado do deserto:

> Água, você não tem gosto, cor ou aroma. Não pode ser descrita. Não é possível prová-la sem conhecê-la. Não é que precisamos de você para viver – você é a própria vida! Permeia-nos como uma energia vital, cuja preciosidade nenhum dos sentidos é capaz de expressar. Por seu intermédio, recuperamos todas as forças que estavam perdidas. Graças às suas bênçãos, todas as fontes secas de nossa alma voltam a jorrar. Você é o bem mais precioso do planeta. É também a força mais sensível que flui do corpo da Terra.

Descobrimos e redescobrimos sempre – onde há deserto, existe também uma fonte de água pura. Segundo Hölderlin, "Onde reside o perigo, há também a salvação". A crise adquire valor quando percebemos que nela se esconde um estímulo ao desenvolvimento. A palavra "crise" vem do antigo termo grego *krinein*, que significa "julgar", "decidir". Na crise, sob o aspecto positivo, encontramos o fim do velho e o início do novo. Como diz Saint-Exupéry em *Cidadela*: "Pois o sentido das coisas não está no acúmulo de reservas, e sim na centelha da transformação ou do desejo".

Na crise, na busca pela fonte da vida, o Piloto finalmente tem acesso à sua criança interior. Ele carrega o Pequeno Príncipe como um frágil filhote de pássaro: "Tinha a impressão de carregar um frágil tesouro. Parecia-me mesmo não haver na Terra nada mais frágil. Considerava, à luz da lua, a fronte pálida, os olhos fechados, as mechas de cabelo que tremiam ao vento. E eu pensava: o que eu vejo não é mais que uma casca. O mais importante é invisível..."

Vejo como é frequente, no processo terapêutico, a pessoa finalmente reencontrar sua criança interior, recuperar com isso a vitalidade, e então pendurar na parede uma foto sua de infância e conversar diariamente com ela.

No fim da história, Saint-Exupéry leva seu adulto repleto de carências, caído no deserto existencial, também ao encontro da morte. Podemos imaginar que o Piloto é um homem de meia-idade. Está no ápice da existência. O sol começa a transpor o zênite da vida. O que ficou para trás são momentos que não voltam mais. Inicia-se uma nova era, e não se está mais no âmbito dos períodos da vida nos quais era possível recomeçar.

Em conferência realizada em 1930, C. G. Jung afirmou: "Não podemos viver a meia-noite da vida de acordo com a programação da manhã, pois o que é muito pela manhã é pouco à noite; o que é verdadeiro pela manhã torna-se inverídico no período noturno". O psicanalista suíço deixa pela primeira vez entrever a morte por trás das cortinas da vida: "Como médico, estou convencido de que é higiênico vislumbrar na morte uma meta a atingir, e que a resistência a ela é insalubre e anormal e priva a segunda metade da vida de seu objetivo".

Trata-se de pensamentos desconfortáveis, porque não são modernos. Como vimos, o "projeto moderno" consiste, desde o apogeu do racionalismo, em vencer por meio da ciência não a miséria, a fome e a ignorância, mas as doenças e possivelmente a morte. Os seguidores de René Descartes já falavam sobre isso.

Hoje predomina na medicina, entre médicos e leigos, a crença infantil na onipotência tecnológica, capaz de garantir a saúde e uma vida mais longa, tendenciosamente ilimitada. A medicina parece travar guerra contra toda e qualquer doença, querendo erradicá-la totalmente. Com medicamentos e implantes, operações excessivas e instrumentos cirúrgicos cada vez mais caros, a doença será vencida, e a morte, por fim, superada. Seja por meio de microcirurgias, técnicas de transplante, manipulação genética, quimioterapia, da bomba de cobalto ou do *laser*, a medicina alimenta a ilusão de que todas as doenças são "falhas", como velas de ignição enferrujadas, que, como tais, podem ser corrigidas.

Entretanto sabemos, no fundo do coração, que o sofrimento e a morte não se afastam da vida. Como dizem os existencialistas, o homem é jogado neste mundo como uma criatura nua. Ele é mortal e vulnerável. Não podemos simplesmente ignorar a morte, devemos reconhecer sua presença. Parece-me que o importante não é a resposta individual que cada um de nós encontra para ela – sejamos agnósticos, ateus ou crentes –, e sim a aceitação e a reflexão sobre o aspecto extraordinário da morte, sobre sua provocação.

O medo da morte é algo que não podemos evitar. O homem é o único ser que tem consciência de sua finitude. A morte é um insulto ao eu – significa que a vida continua sem mim. Mas por acaso, como bem indaga Sêneca, a vida já não existia antes de mim? Por que isso não me afronta?

"Eu tenho medo", diz o Piloto. Ele pode temer, a morte realmente nos assusta. Mas, por causa disso, precisamos lutar contra ela até sermos derrotados? O Piloto pega o revólver quando vê a Serpente. Isso significa que ele rejeita a morte; ele e nós também nos apegamos a qualquer arma para rechaçá-la. Frequentemente comentamos após a morte de alguém: "Ele *perdeu a luta* contra o câncer". Enfrentamos a morte da mesma forma que um soldado enfrenta um inimigo, com armas em punho.

Diante da morte, o Pequeno Príncipe fica "pálido como a neve. [...] Sentia-lhe o coração bater de encontro ao meu, como o de um pássaro que morre [...]". O caminho da vida para a morte é descrito por Saint-Exupéry como "bem mais longe... bem mais difícil...". O poeta não banaliza a morte. Em vão, o Piloto segura o príncipe nos braços, "mas tinha a impressão de que ele ia deslizando verticalmente no abismo, sem que eu nada pudesse fazer para detê-lo".

O Piloto desabafa: "O sentimento do irreparável gelou-me de novo". É assim mesmo. Quando pessoas queridas se vão, a ideia de nunca mais ouvir sua voz nos fere, como se uma faca penetrasse nosso coração: "E eu compreendi que não podia suportar a ideia de nunca mais escutar esse riso. Ele era para mim como uma fonte no deserto". Sim, algumas pessoas são como a água da vida para nós – mãe, pai, irmãos, parceiro, amigos, colegas, vizinhos. Podemos nos virar e tocar o barco de um jeito ou de outro, mas a morte é sempre um escândalo. Kierkegaard afirma: "A morte é inexplicável". Entretanto, como no desfecho da obra de Saint-Exupéry, a morte é também um consolo.

Não é fácil compreender isso. Eu mesmo, garoto criado na Igreja Católica, tinha impregnada em minha alma infantil a imagem pintada pelos jesuítas do internato de um pavoroso "fogo do inferno". A ideia que tanta gente tem incutida na mente é a mensagem ameaçadora da Igreja, da morte como precursora do Juízo Final. Nietzsche critica tal noção em *Humano, demasiado humano*: "Na alma do estranho farmacêutico, a morte é convertida em remédio com gosto ruim". E em *Vontade de potência* afirma: "A morte deteriorou-se por causa dos abusos a ela impostos pela Igreja".

O Pequeno Príncipe dá ao Piloto um sentido de consolação à partida, indicando o que a morte significa: "Tu olharás, de noite, as estrelas. Onde eu moro é muito pequeno, para que eu possa te mostrar onde se encontra a minha. É melhor assim. Minha estrela será então qualquer uma das estrelas. Gostarás de olhar todas elas... Serão, todas, tuas amigas".

Da sabedoria de sua alma infantil, o "pedacinho de gente" dá ainda um presente ao Piloto – o presente da morte apreciada:

> – As pessoas têm estrelas que não são as mesmas. Para uns, que viajam, as estrelas são guias. Para outros, elas não passam de pequenas luzes. Para outros, os sábios, são problemas. Para o meu negociante, eram ouro. Mas todas essas estrelas se calam. Tu, porém, terás estrelas como ninguém... [...] Quando olhares o céu de noite, porque habitarei uma delas, porque numa delas estarei rindo, então será como se todas as estrelas te rissem! E tu terás estrelas que sabem rir! [...] E quando te houveres consolado (a gente sempre se consola), tu te sentirás contente por me teres conhecido. Tu serás sempre meu amigo. Terás vontade de rir comigo. E abrirás às vezes a janela à toa, por gosto... E teus amigos ficarão espantados de ouvir-te rir olhando o céu. Tu explicarás então: "Sim, as estrelas, elas sempre me fazem rir!"

Os mortos, na verdade, não morrem. Permanecem vivos na memória dos que continuam aqui. Saint-Exupéry, que rejeitava a especulação metafísica da existência pós-morte do ser humano, via cada um de nós como uma pequena parte da imortalidade – quando levamos a vida humanamente e trazemos calor ao mundo, vivemos para sempre na memória dos que virão depois. Essa é a nossa chance. Tudo que nos resta, quando deixamos o mundo, é o amor. "Tu sabes...", sussurra o Pequeno Príncipe antes da partida, "minha flor... eu sou responsável por ela!"

O mesmo dizia Hermann Hesse: "A essência dos que se foram, que tanto nos moveu e comoveu, permanece conosco, e conosco permanecerá enquanto vivermos. Às vezes, podemos conversar melhor com eles, ouvir deles melhores conselhos do que dos vivos".

Não podemos negar a sabedoria da morte. A arte de morrer significa compreender a morte como "um truque da natureza para criar vida", afirma Goethe. A despeito de sua posição na natureza, comparado às outras formas de vida, o homem é parte de um abrangente ecossistema. A natureza não faz diferença. Temos que morrer como *indivíduos* para que a *espécie* sobreviva. Participamos do milagre da vida porque bilhões e bilhões de seres vivos morreram antes de nós, abrindo-nos o caminho. Também morreremos para abrir o caminho a outros.

A tragédia do indivíduo será o triunfo da espécie, ou, como canta o salmista: "Os dias dos homens são como a grama, florescem como a flor do campo. Quando por ela sopra o vento, logo se vai, e dela não se tem mais notícia".

A morte é a sequência normal do ritmo da natureza. O que importa não é a duração da vida, e sim se foi vivida com entusiasmo, vontade e consciência, ou se apenas deixamos os anos passarem, vazios e monótonos. Sêneca enfatizava: "A utilidade da vida não está em sua duração, e sim no uso que fazemos dela – muitos vivem por muito tempo e, no entanto, pouco viveram realmente. Observai isso enquanto estiverdes neste mundo. Depende de vossa vontade, e não da contagem de anos, saber se vivestes o suficiente".

Assim, a morte do Pequeno Príncipe não é triste. A Serpente é amiga dele: "Houve apenas um clarão amarelo perto da sua perna. Permaneceu, por um instante, imóvel. Não gritou. Tombou devagarinho como uma árvore tomba. Nem fez sequer barulho, por causa da areia".

De certa forma, a morte pode ser como uma irmã para nós. Hermann Hesse expressou isso em um poema repleto de esperança:

Irmã morte

Você também um dia a mim chega.
Não me esquece,
A dor e a prisão
Chegam ao fim.

Você ainda parece estranha e distante,
Querida irmã morte.
Parece uma estrela longínqua
Que cintila sobre meu sofrimento.

Mas um dia virá
Repleta de chamas –
Venha, querida, estou aqui,
Leve-me, sou seu.

Aceitar a morte significa se libertar. Não lutar mais contra aquilo que é inevitável. Não seremos poupados por ela. Também nos submetemos às leis do cosmos. Todo animal, árvore, oceano nasce e morre. Também nosso belo planeta azul, de acordo com as leis cósmicas, deverá esfriar a daqui cinco bilhões de anos, porque o Sol deixará de existir.

Com quase 80 anos de idade, Thomas Mann, no romance *Confissões do impostor Felix Krull*, cantou o hino do fim da vida. É famoso o trecho em que o belo e jovem impostor está no restaurante do trem que vai de Paris a Lisboa e aprende com o professor Kuckuck, o sábio do início da história, sobre a origem do cosmos, da vida e da humanidade.

Trata-se de uma das definições mais marcantes e precisas de Thomas Mann a respeito de vida e morte. O autor diz:

> Biólogos estimam que a idade da vida orgânica sobre a Terra seja de aproximadamente 550 milhões de anos. Desde então, as formas de vida se desenvolveram em incontáveis mutações até chegar ao homem, a espécie mais recente. Se será concedido à vida tanto tempo quanto ela já teve desde sua origem, ninguém sabe. Depende de condições especiais e, assim como teve um início, terá um fim. A habitabilidade de um corpo celeste é um episódio em sua existência cósmica.

Que belo pensamento – a vida planetária e também nossa minúscula existência são "episódios cósmicos"! Thomas Mann quer dizer que a vida, justamente por ser curta, tem valor indescritível. Contudo, pergunta: Por acaso esse ser humano, perdido num grão de poeira galáctico na infinidade do Todo, não terá, sob o ponto de vista cósmico, tamanho insignificante?

Ele mesmo responde:

> A astronomia, uma ciência grandiosa, nos ensina a ver a Terra como um minúsculo corpo insignificante no gigantesco caos do cosmos, periférica e ínfima mesmo no espaço mais restrito de sua galáxia, a Via Láctea. Cientificamente, isso é inquestionável; no entanto, questiono se a verdade pode ser encontrada nesse caminho. No fundo de minha alma, creio – e penso que tal crença é natural em toda alma humana – que a Terra adquire significado central no universo. No fundo de meu ser, suponho que do nada do cosmos se evoca o "devir". A geração da vida a partir da existência inorgânica se deteve no ser humano; com ele, porém, a vida fez uma grande tentativa de corrigir, por meio dos erros dos homens, os erros da criação, aproximando-se dela em seus contrastes. Seja isso verdade ou não, seria bom para o homem se comportar como se fosse.

Ainda que sejamos céticos quanto a crenças e revelações, agimos *como se* o cosmos tivesse parado na humanidade de modo geral, e em mim de modo particular. A partir da ideia da morte, compreendemos nossa singularidade e nosso dever para com a espécie humana. No fim, o Piloto passa pelo batismo da solidão. Sua criança interior vive.

Embora a criança que fui não exista mais, ela sobrevive como uma realidade poética, repleta de sentimentos, em meu coração. Posso, portanto, visitá-la quando quiser, passar algum tempo com ela e nela encontrar força. A visão do céu estrelado é uma representação do reconhecimento do cosmos, estrelado e imperturbável, de minha alma infantil.

Assim como o Pequeno Príncipe, o próprio Saint-Exupéry deixou o mundo preparado para a morte. Ele desapareceu quase sem deixar rastros, exceto por um bracelete de prata com seu nome e o endereço de seu editor em Nova York gravados, presente de Consuelo, e que foi encontrado por um pescador no verão de 1998, no fundo do mar Mediterrâneo. Em 2003, finalmente os destroços de seu avião Lightning foram localizados no fundo do mar da ilha de Córsega.

Numa carta escrita a Madame de B., sua última amante, Saint-Exupéry expressava, uma semana antes de morrer, solidão e *extraordinária indiferença* para com a vida. Antes disso, tinha escrito a Consuelo que, se os alemães o derrubassem a tiros, seu único sofrimento seria provocar lágrimas em sua esposa. No dia 31 de julho de 1944, Saint-Exupéry escreveu ao amigo Pierre Dalloz: "Se eu levar um tiro, não vou lamentar. Tenho pavor dos formigueiros do futuro. E odeio suas virtudes robotizadas. Nasci para ser jardineiro".

No mesmo dia, partiu da Córsega em seu supermoderno avião americano, o caça P-38 Lightning, para seu último voo de reconhecimento sobre a França ocupada. Esses voos eram, como o próprio Saint-Exupéry diz, excitantes e dolorosos ao mesmo tempo:

> E os pensamentos torturantes durante aquelas horas que sobrevoávamos a França, tão perto e tão distante! Era como se um século nos separasse daquele solo. Toda ternura, todas as lembranças, todos os motivos para viver estavam ali embaixo, a 35 mil pés de profundidade, sob a forte luz do sol, estendendo-se diante de nossos olhos e, no entanto, tão inalcançáveis quanto os tesouros dos faraós sob redomas em um museu [...].

Em 31 de julho de 1944, às 12h30, Saint-Exupéry deveria ter retornado ao esquadrão 2/33. O tempo passou. Nunca mais se soube dele. Stacy Schiff observa: "Duas semanas depois, os outros pilotos do 2/33 participaram da chegada dos Aliados, para a qual já haviam se preparado. Em 25 de agosto, Paris foi libertada; no dia seguinte, Charles de Gaulle conduziu uma marcha triunfal pela Champs-Élysées".

O mundo, livre, respirava aliviado. Saint-Exupéry pagou com a vida por essa liberdade.

Com *O Pequeno Príncipe*, nosso coração se agita e ganha esperança. Agita-se porque o Piloto se esqueceu de desenhar uma correia para o carneiro, para não deixá-lo escapar. Assim, ele pode ameaçar a rosa. Não há vida sem medo.

Sentimos com o Pequeno Príncipe aquilo que Saint-Exupéry chamava de reverência pelo humano. Em um de seus textos, ele nos deixa um testamento:

> Reverência pelo ser humano! [...] Quando a reverência pelo humano cria raízes no coração dos homens, estes avançam tanto, a ponto de redefinir as justificativas para os sistemas sociais, políticos ou econômicos, que tal reverência durará para sempre. Uma civilização se constrói, primeiramente, na essência. A primeira inclinação humana é o desejo de calor. Com tentativa e erro, o homem encontra o caminho até o fogo.

Uma civilização se constrói primeiramente no ponto central do indivíduo, sua essência. Essa essência é o Pequeno Príncipe em nós – a criança interior em sua alegria de viver, inocência e sabedoria. Pablo Casals, grande violoncelista espanhol, definiu o segredo de *O Pequeno Príncipe* de maneira incomparável:

> Quando vão ensinar às nossas crianças na escola
> o que elas realmente são?
> A cada uma delas, deveriam dizer:
> Sabe o que você é?
> Um milagre!
> Você é única!
> No mundo todo não há uma segunda criança que seja
> exatamente como você.
> Um milhão de anos se passaram
> sem que existisse outra criança igual a você.
> Olhe seu corpo, que milagre ele é!
> Suas pernas, braços, dedo indicador,
> seus passos.
> Você pode se tornar um Shakespeare,
> um Michelangelo, um Beethoven.
> Não há nada que não possa ser.
> Sim, você é um milagre.
> E como poderia, quando crescer,
> causar sofrimento a outro
> que também é um milagre?

Quando descubro o Pequeno Príncipe em mim, a morte perde o poder, e a vida se ilumina com a cor da rosa – o amor.

Impressão e Acabamento

Prisma Printer Gráfica e Editora Ltda.
Fone/Fax: (0xx19) 3229-7171
E-mail: grafica@prismaprinter.com.br
www.prismaprinter.com.br
Campinas - SP